お坊さんでスクールカウンセラー

坂井祐円

法藏館

お坊さんでスクールカウンセラー＊目次

プロローグ……5

第1章　死と誕生をめぐる話……17
「わたし、死んだらどうなるんだろう？」
生まれてきてよかったのかと悩んでいた女子中学生がつぶやいた。

第2章　いのちより大切なもの……38
「いのちが一番大切と思っていたときは、生きることが苦しかった」
急性骨髄性白血病の看護学生がたどりついた、生きる喜びの世界。

第3章　傍らにいて、ともに悲しむ……58
「先生、あいつが死んだことは悪いことなのか？」
ある日、生徒がひとしれず命を絶った――。

第4章　世界は輝きに満ちている……78
「もしかしたら、私はあの子の面影ばかりを探していたのかもしれません」
息子を事故で喪った母が、生きる希望を見出すまで。

第5章　不登校と幽霊 …… 100
「私、以前から舅の幽霊に悩まされていまして……」
息子の不登校に悩む母親が、おそるおそる打ち明けてきた。

第6章　死者の夢 …… 124
「お母さん、心配しなくていいよ。きっと、うまくいくからね」
夢に現れたのは、一五年前に亡くなった息子だったのか⁉

第7章　読経の声が響きわたる …… 146
「ぼくは、ばあちゃんの葬式に出て、みんなで正信偈読んだとき、
泣いちゃったんですよね。お経でばあちゃんにつながることができたって」

エピローグ …… 167

あとがき …… 188

引用・参照文献 …… 190

プロローグ

私は、カウンセラーである。そして、お坊さんである。

お坊さんが、悩みや困りごとなどの相談にのってくれる。

「そうそう、最近のお坊さんはそんな感じですよね」

テレビのバラエティー番組なんかでも、そんなお坊さんが出てくる。それに、「ボーズ・バー」とか、「カフェ・デ・モンク」なんて、洒落《しゃれ》た名前で、日常の愚痴《ぐち》がこぼせるような空間を、お坊さんが提供したりもしている。

なので、案外、カウンセラーとお坊さんはつながりやすくなっている。

だから私が、「お坊さんでカウンセラーです」と言っても、それほど変には思われない。

とはいえ、日本のお坊さんのほとんどは、あいかわらず葬式仏教の担い手である。病室に袈裟《けさ》を着たお坊さんが入ってきたら、「縁起でもない、まだ早いよ！」と、落語のオチみたいな笑い話もある。お坊さんに用があるのは、人が亡くなってからなのである。
言ってみれば、お坊さんには、「死」のイメージがつきまとっている。もっと言うと、「死者」と深く関わっているイメージがある。

では、カウンセラーはどうか。こちらのほうは、「癒し」のイメージがあったりする。心の病を癒す。心の重荷を軽くする。気持ちを安らかにする。まずは、そういう役割がある。死というよりは、カタルシス(浄化)に近い。

しかし、それだけではない。悩みや苦しみを乗り越えることで、心が成長していく。そんなお手伝いをするのも、カウンセラーの仕事である。
カウンセラーは、どちらかと言えば、生きるほうに傾いている。
しかも、私は、学校の現場でカウンセラーをしている。いわゆるスクールカウンセラーである。

学校にいると、死が見えない。死がないわけではない。語ることが、なんとなくタブーなのである。未来ある子どもたちに、死の現実を直視させる必要はない。言うなれば、「まだ早いよ!」である。

大人になったら、どんな人間になるべきなのか。そのためにはどんな知識や技能やものの見方が必要なのか。そういうことを子どもたちに伝える場が、学校である。

ここでは、死の話、ましてや死者の話などは、語るべきではない。そんなことをすれば、子どもたちに動揺や不安を与え、未来への希望や明るさを閉ざしてしまう。

それに、ひょっとしたら、人間のいのちを、軽々しく考えてしまうかもしれない。

それでなくとも、子どもたちが夢中になるゲームやアニメの中では、「いのち」があまりにもぞんざいに扱われている。死ぬなんてごく当たり前、なんて話をすれば、現実のいのちでさえも、ますます軽んじられてしまうのではないか。

つけ加えて言うと、この話題を切り出すと、やがて「宗教」の話に行き着いてしまう。

宗教はまずい。その理由はいろいろある。その一つに、科学との折り合いの悪さがある。学校教育のカリキュラムは、科学的な根拠にもとづいている。けれども、宗教はときに科学とは矛盾することを語る。根拠はないけれど信じている、と言われても困る。客観的でない。どこまでも物語的である。

さらには、子どもたちをありもしない妄想に駆り立てて、洗脳してしまうかもしれない。反社会的な価値観にでも染まってしまったら、それこそ危険である。

とはいえ、死について考えはじめると、科学的には実証できなくても、どうしても湧き起こってしまうような問いが、ニョキニョキと頭をもたげてくる。

人はいつか必ず死ぬ。じゃあ、なぜこの世に生まれてきたの？　なんのために、生きているの？

死ぬっていうのは、肉体が動かなくなってしまうこと。だったら、精神のほうはどうなるの？　肉体は滅びても、魂のようなものがどこかに残るんだろうか？

生きる意味について。それから、死後の世界とか、霊魂の有無について。話はどんどんこの世から離れていく。

それって、現実逃避ではないのか。そんな風に思う人もいるかもしれない。

だけど、そうであるとすれば、その現実って何なのだろう？　現実っていうのは、そんなに確かなことなのだろうか？

死を突きつめていくと、この世の現実ですら、アヤフヤに思えてくる。

あるいは、実際に、身内の死や親しい仲間の死に遭遇してしまった子どもたち。

その子たちに向かって、「死んだら終わりですよ、死んだら何も残りません」と声高に叫ぶ大人がいたとしたら、その感性を疑うことだろう。そこでは、科学的な知識なんて何の役にも立たない。むしろ傷つける道具である。

死に出会ってしまった者は、死者に出会うほかないのである。

死んでも生きている。死者となって、この世を生きる私たちに呼びかけている。

記憶。思い出。懐かしさ。……そうかもしれない。いや、そんなありきたりの言葉では表現しきれないような何かが、私に迫ってくる。それが、死者である。


死をめぐるこうした話は、学校の授業では扱わない。できるだけ避けたいと学校の先生は考えてしまう。

ところが、カウンセリングの場面では、学校であっても、わりと多く出てくる。

カウンセラーだって、こういう問いを突きつけられたら、困惑する。いや、困惑してほしいと思う。「そういう心理状態にもなりますよね」という、お決まりの言葉で片づけてほしくない。

そして、お坊さんが背負っている仏教。宗教としての仏教がこれまで伝え続けてきた問いかけというのは、こういうことなのだと思う。

私は、学校の現場でカウンセラーの仕事を始めたときには、まだお坊さんである自分と結びついてはいなかった。とりあえず切り離して考えていた。しかし、だんだんと、カウンセラーとお坊さんとが、私の中でつながってきている実感がある。

学校の現場は、あいかわらず宗教はダメですよ、と言い続ける。だが、カウンセリングの場面では、ときおりお坊さんである自分が顔を出す。そのお坊さんは、説教をする人ではない。話を聞くお坊さんである。そして、その話を通して、考えるお坊さんである。それはカウンセラーとしての自分なのであるが、とりわけ死の問題に触れたときには、お坊さんであるのか、カウンセラーであるのか、区別がつかなくなる。

カウンセラーでお坊さん。お坊さんでカウンセラー。そういう存在になっている。

この本では、そういう実践を少し紹介してみたくなった。

ある意味では、学校がもつ、死をタブー視する空気に、ちょっとした風穴を開けてみたいという思いから、この本を書こうと思った。

だから、この本は、ひとまずは学校の教育について考えるための本である。カウンセラーでお坊さんの目から見た、学校についての考察である。

けれども、もう一つ、この本を書こうと思った動機がある。

それは、仏教のことだ。

この本では、カウンセリングの実践を紹介する合間に、仏教にからめていろいろと私が思いめぐらしたことを挿入している。読者からすれば、学校の話かと思って読んでみたら、仏教の話が出てきて、なんだか変わったアクセントだな、と感じるかもしれない。

しかも後半のほうには、日常的でない出来事や、幽霊を見るとか不思議な夢を見る話などを扱ったりしているので、ちょっとついていけないなあと感じるかもしれない。あるいは逆に、スピリチュアルな感覚が刺激されて、かえって親近感が湧くかもしれない。

これらはカウンセリングの世界でも、大っぴらに扱われる話ではない。そうした話を、あえて扱うのは、やはり仏教について意識しているからである。

正確に言うと、近代以降に成立した仏教。極楽往生《ごくらくおうじょう》だとか、怨霊《おんりょう》だとか、夢告《むこく》だとか、霊験《れいげん》だとか、神仏習合《しんぶつしゅうごう》だとか、そういった近代以前にまとわりついていた俗信的な要素を、すべて捨象《しゃしょう》した仏教のことである。

何が言いたいのかというと、そういう仏教は、あまりにスマートすぎて、ちょっと行きすぎた仏教なのではないのか、と私は感じるのである。

カウンセリングの中では、クライエントの口から、日常的ではない出来事、不可思議な話なんかが、わりとよく出てくる。そういう話には、うまい言葉があって、「心の現実《サイキック・リアリティ》」なんて言い方をする。その人の心の中ではリアルなことなんだ、と考えるのである。

そして、それって、無意識というか、深層の心理から見れば、とっても大事な意味があるんだよ、とカウンセラーは考えるのである。

こういう問題は、近代の仏教が切り捨ててきたことと深く重なってくる。そこで、私としては、この本の中で、なんとか拾い上げてみたいと思ったのである。そうすることで、「仏教は心の現実をどう考えるんですか?」と問うてみたいと思ったのである。

なので、この本は、今日の仏教のあり方を考える、という本でもある。言わば、お坊さんでカウンセラーの目から見た、仏教についての考察である。

さて、この仏教について、もう少し補足しておきたい。

最初のほうでも触れたように、日本の仏教はほとんどが葬式仏教である。ところが、これは近代になってから文献学をもとに成立した、学問としての仏教から言わせると、まったくナンセンスな話なのである。

というのも、学問としての仏教は、「無我《むが》」とか「空《くう》」の教えこそ、本当の仏教だ、と主張する。要するに、「私は無い」というのである。

「私は無い」のであるから、死んだ後にも霊魂が残るとか、あるいは死者が見守っているとか、そんなことはまずありえない。それは、単なる人間の妄念、感傷にすぎないということになる。

葬式仏教では、「死者を供養《くよう》する」と言う。死者なんているはずがないのに、何をやっているのか。「無我」の教えからすれば、これは背反行為でしかない。

私は、宗派としては、浄土真宗のお坊さんである。

浄土真宗のお坊さんも、もちろん葬式をあげる。ときおり、人が亡くなることを「お浄土に往生されましたね」と言ったりもする。

浄土仏教には、念仏すれば死後に浄土に往生できる、という信仰が確かにあった。お経を文字通り素直に読めば、そう書いてある。

あるいは、真宗の中興の祖、蓮如《れんにょ》上人の書かれた「御文《おふみ》」。そこには、何度も「後生《ごしょう》の一大事《いちだいじ》」という言葉が出てくる。「後生」とは、死後に生まれ変わるところ。その「一大事」なのだから、つまりは死後における救済のことを指している。

だから、浄土仏教では、死んだらそれで終わり、にはけっしてならないはずなのだ。

ところが、近代になって学問としての仏教に影響されると、死後の世界としての浄土は、一つの比喩表現として、控えめに語られるようになった。さらに、真宗の近代教学でも、生きているあいだの救済が強調され、死後の救済は、むしろ近代以前の因習として扱われるようにもなった。

そもそも科学的な世界観からすれば、肉体の機能が停止した後には、「私」という意識も消滅するのであるから、死後の世界なんて認められない。「無我」の教えというのは、こうした近代科学の思考へと通ずる、合理主義的な考え方のようにも見えてくる。

近代以降の学問仏教は、精緻な文献研究や歴史研究にもとづき、国際性にも富み、科学とも矛盾しない、時代を先取りした世界観をもつ先進的な思想。

それに対して、日本の生活文化に巣食っている葬式仏教は、正統な教義からもはずれ、非科学的な俗信や人々の感傷に支えられ、因習まみれの堕落した仏教、と揶揄されている。

この穴埋めは、なかなか難しい。まるで相容れないかのようだ。

とはいえ、仏教というのは、世界の構造や仕組みを説明するために、起こってきたわけではない。この点は、はっきりさせておかなければならない。

生きているものは必ず死ぬ。その事実から出発するのが、仏教である。

生まれて、老いて、病んで、死ぬ。それに、とかく自分の思い通りにはならない。人生は悩みや苦しみの連続である。そこからどうやって抜け出せばよいのか。この根源的な問いに応えようとしたのが、本来の仏教なのだ。

そして、この問いを通して、「死者」と出会ったのが、日本の仏教だった。

そのきっかけは、愛別離苦《あいべつりく》、愛する者との別離による苦しみ、死別の体験なのかもしれない。けれども、その苦しみを通して、向こう側からの呼びかけが聞こえてくるときがある。彼岸に開かれるときがある。

死者は悲哀とともにある。悲哀の内奥に、私たちは、この世の深淵を知る。その暗黒をのぞき見たとき、私たちは、ようやく人生の悩みや苦しみを引き受けることができるのではないか。もっと言えば、私たちの悩みや苦しみをともに歩んでくれるはたらきに気づくのではないか。それこそが、「死者」との出会いである。

日本の仏教は、「死者」のことを、「ホトケ」と呼び習わす。

なぜ、ホトケなのだろうか。ホトケとは、ブッダ、目覚めた者であり、仏、如来である。ホトケは、悩みや苦しみのループから解き放たれている。

人は亡くなると、悩みや苦しみから解放される、とでも言うのだろうか。死者とは、そのような実在なのだろうか。
浄土仏教は、そうだ、と語ってきた。

倶会一処《くえいっしょ》　倶《とも》に一《ひと》つの処《ところ》に会《かい》す
（ともに一つの世界で出会う。死者はみな一つのところへ帰っていく）

人はみな、この世の営みを終えると、「無我」になる。「空」になる。それは、死んだらそれで終わり、とはまったく違う。なぜなら、死者は、ホトケになることによって、私たちが生きているこの世界へと、ふたたび戻ってくるからである。
「無我」であり、「空」であるからこそ、死者は、私たちにはたらきかけ、呼びかけてくる。「無我」であり、「空」であるからこそ、そのはたらきは永遠である。

この本で描かれる物語は、そういう死者のはたらきに出会った人々の物語である。

第一章　死と誕生をめぐる話

死んだらどうなるんだろう？

そんな疑問をもった子どもがいた。いつの頃からだろうか。でも、けっこう小さい頃だったと思う。ふとよぎった疑問だった。

それからは、テレビを観ていても、勉強していても、何でもないときでも、気になるようになった。死ぬのが怖い。そういう思いもやはりある。だけど、もっとちがう何か。きっと心の奥のほうからの叫びのような問いかけだった。

ある日の授業で、先生が何かのきっかけで、死後の世界について話をしたことがあった。こんなに真剣に人の話を聞いたことがなかったくらい、じっと先生の表情を見つめながら、耳を傾けた。

たぶん、黄泉《よみ》の国とか、そういう話だった。それから、生まれ変わりとか呪いとか、幽霊を見た人の話などをした。きっとその先生は、子どもの興味を惹《ひ》きつけるのがとてもうまかったのだろう。クラスの子どもたちが「怖い」とか、「信じたくない」とか、そんな反応を見せ始めたとき、先生はおもむろにこう言った。

「今まで話したことは、みんな作り話です。死後の世界なんてありません。生まれ変わりも、幽霊も、ぜんぶ誰かが勝手に空想したことなんです。死んだらどうなるかなんて誰にもわかりません。でも、魂があるとか、そういうことは科学的には証明されていません。だから、死後の世界なんてないんですよ」

突然、頭を矢で射抜かれたような衝撃だった。裏切られた感覚。この先生は結局、何もわかっていなかったんだ。

学校で、死んだらどうなるのかを教えてくれる。これほど面白いと感じたことはなかったのに、結論は、死んだら魂はのこらない、証明されていないからわからない、死後の世界なんてない、だなんて。だったら、何で私は生きているの。何のために、人は死ぬまで生きなくてはならないのか。

その女子生徒の語りは、私にとっても衝撃だった。死について、生について、これほどむき出しの感性であることに、私の心も強く揺さぶられた。

日々の忙しさの中で、大人は死を忘れていく。いつしか、生の意味についても深くは考えなくなっていく。しかし、彼女はあまりにストレートだった。だから、大人たちは、彼女を不思議がった。

「ときどき自分の世界に行っちゃうんですよ。入っちゃうっていうか。難しい顔をしているときが多いし、何を考えているのか、さっぱりわからないですね」

担任はそんな風に、彼女を説明した。

勉強はそこそこできる。アニメやホラーが大好きで、少女マンガ風の絵を描くのが得意。人と関わるのが苦手な内気な女の子だった。ただ、まぶたがピクピクと動くチックの症状があった。何かストレスを抱えているのではと思い、担任がカウンセリングを勧めたら、嬉しそうな顔をして、お願いします、と言ったそうだ。

西日が差し込む相談室で、彼女は、持ち前の感性を披露した。

「死んだら、天国に行くとか、成仏するとかって言うじゃないですか。でも、生まれ変わるとも言うし、それから地獄に落ちるとかって。なんかすごく矛盾していますよね。死後の世界はたくさんあって、選択ができるのか、それともどれかはウソなのかな……」

なぜ彼女は、人が死んだらどうなるのかに興味をもつのだろう。中学生くらいになれば、死について考えることもある。でも、死んだ後についてはどうだろうか。

どの民族にも、その神話や宗教には、必ずといってよいほど死後の世界にまつわる話がある。かつては、あの世があることが当たり前だった。

けれど、今はそうではない。あの世とか霊魂とか、そんなものに科学的な根拠など何もないことがわかってきた。昔から言い伝えられてきたことは、迷信であり、虚構だったのだ。科学にとっては、目に見える物質の世界の法則がすべてである。知覚できず実証できないものは、無いのと同じである。

だから、公の場で、死後の世界をまじめに話題にすること自体、ナンセンス。むしろ、弊害ですらある。

学校は社会の縮図である。教科書には、科学の精神がたっぷりと反映されている。先生も科学で実証されたことしか話をしない。学習することと科学的なものの見方を学ぶことは、イコールである。学校の授業の中で非科学的な話をすると、それは偏ったものの見方を教えたことになり、教育上ふさわしくないのだ。

そのため、死後の世界について学校で教えることは、まずありえない。タブーである。


以前、学校で「いのちの教育」に関わったことがあった。

いのちの大切さを教えるもっとも適切な教材は、人の誕生について考えさせることである。保健の授業でもおなじみ、精子と卵子が結びついて細胞レベルで人が発生する話。そこから始まって、次には人としてこの世に生まれてくる話へと、テーマは移っていく。

生後間もない赤ちゃんを抱いたお母さんが、講師として招かれた。お腹の中で赤ちゃんが胎動するときに感じる幸せな気持ち。上の子がお腹にそっと耳を当てて動いている音を聞いてみたエピソード。それから、生まれるときの陣痛の痛み、そして、わが子が産声をあげながら出てきて、初めて抱きかかえたときの至福の喜び。

「生まれてきてくれて、本当にありがとう」

お母さんは、赤ちゃんを見つめながら、つぶやくようにそう言った。

子どもたちは、ときおり赤ちゃんの様子を気にかけながら、とても優しい気持ちでお母さんの話に耳を傾けていた。

そのあと、子どもたちは、おそるおそる赤ちゃんを抱いてみた。やわらかい、軽い、こわれそう、かわいい、いろんな感想が口々にこだまする。

そんな体験のあと、今度は、それぞれの赤ちゃんの頃の写真を持ち寄って、自分の話をする。自分が生まれてきたときはどんな様子だったのか、どんな風に育てられてきたのか、両親や祖父母から聞いた話を恥ずかしそうに発表した。

ほほえましく、あたたかな雰囲気につつまれた授業風景が、目に浮かぶことだろうと思う。誕生の場面に思いを寄せるとき、人は不思議と穏やかになれるものだ。

さて、いのちの大切さを教えるためには、誕生の話だけでは不十分である。子どもたちに死の話もやはり伝えなくてはならない。ところが、死を教えるにはどうしたらよいのか、どんな教材が適切なのか。教員たちの間に揺らぎが生じた。

「今の子どもたちは、身内の人が亡くなる場面に居合わせたことなんて、まずないでしょう。経験してないことを考えさせるのは、けっこう難しいですよ」

これが死を教えることに戸惑いを覚える表向きの理由。

しかし、本音のところは、もっと別の感覚にある。それは、教員に限らず多くの人が抱く払拭できない思い。死について考えさせると、子どもたちは暗い気持ちになり、ネガティブになってしまうのではないか、という配慮である。

子どもは未来に向かって成長している。希望に満ちている存在である。

未来は明るくポジティブなものでなければならない。それなのに、「人は誰でも死ぬんです、生まれてきたかぎりは必ず死ぬんですよ」という話では、希望に満ちた明るい未来は閉ざされてしまう。

死は、見せない、考えさせない、シャットアウト。そのほうが子どもたちは健康に育つことができる。誕生の場面は明るい光につつまれている。でも、死となると、不気味であり、暗闇や恐怖の象徴である。誕生は新しいスタート、上昇していくイメージ。けれど、死は終わり、落ちていくイメージである。

「いっそのこと、死んだ後にも次の世界があるって話をするのはどうでしょうか」

ここで私が意見をはさんでみた。

たとえば、臨死体験の話をしてみてはどうか。臨死体験の報告によれば、事故や病気で昏睡状態におちいり、死線をさまよっている人は、意識が肉体を離れ、暗いトンネルの中に吸い込まれ、そこを抜けると、まばゆいばかりの光にあふれた楽園のような世界に入っていき、これまでにないような至福の気持ちにつつまれる体験をするのだという。

死んだ後には、明るく幸せに満ちた世界が待っている。こういう話に、子どもたちはどんな反応を見せるものだろうか。

「臨死体験⁉　それって科学的に証明されているんですか？」

すかさず、保健の先生がつっこみを入れた。

「要するに、死ぬ間際に脳が見せる幻覚ですよね。脳内に麻薬のような物質が放出されて気持ちよくなるとかって、聞いたことがありますよ」

学年主任の先生が、もの知り顔で科学的な解説を加えてくれる。どうやらこの先生は雑学の知識がけっこうあるようだ。

「いや、それは一つの仮説であって、現実に死後の世界のようなものがあるかもしれない、という説だって考えられるわけで……」

「でも、そういうアヤフヤな話を子どもたちに教えるのってどうなんでしょう？」

いのちの教育を発案した保健の先生も、さすがに臨死体験には眉をしかめる。

「臨死体験の信ぴょう性はともかく、子どもたちに、死んだ後にも世界が続いていく、死んでも大丈夫みたいな話は、私はあまり賛成できませんね」

ずっと聞き役に徹していた校長先生が、ついに引導を渡すことになった。

「死んだ後に、素晴らしい世界、楽しい世界があるんだっていう話を聞くと、苦しいことや辛いことがあったら、むしろ死んだほうがマシじゃないかって考える子も出てくるかもしれない。なんだか自殺を肯定しているような感じがします」

こうして臨死体験の話はご破算になった。

結局、死の授業のほうは、校長先生の提案で、ガンを告知され、手術して回復されたご年配の方のお話を聞く、という内容になった。これはこれで、大事なメッセージを届けることになるにちがいない。

死の手前までの話は、教育の現場で教えられる。しかし、その先の死んでからについての話は、なかなか難しいのである。


校長先生の言葉が耳に残り、私はふと、『高僧伝』という中国の古い仏教の書物の中にある「善導伝」の記述を思い出した。唐突のように感じられるかもしれないが、少しおつきあい願えればと思う。

もう遠い昔の異国のお坊さんにまつわる逸話である。あの広大な中国が唐の国と呼ばれていた時代。今から一四〇〇年も前に起こった出来事だ。

唐の都である長安。その一角に光明寺というお寺があり、そこで念仏の教えを無数の信徒を前に熱心に布教するお坊さんがいた。その名前を善導《ぜんどう》という。


ある人が、善導の説法を聞いた直後にたずねた。

「今ここで、仏さまのお名前を称えたならば、浄土に生まれることができるのでしょうか、できないのでしょうか」

善導は、「念仏すれば、必ず浄土に生まれることができますよ」と答えた。

その人は、この言葉を聞くと、善導に礼拝して、「南無阿弥陀仏」と声に出して何度も称えながら、そのまま光明寺の門を出て行き、門の外にある柳の木にのぼり、合掌して西の方角を望みながら、真っ逆さまに身を投げて、地面に墜ちて死んだ。

この出来事は、台省（朝廷）のもとにも報告された。

何が起こったのか。背景がよく見えないので話がわかりにくいかもしれない。

善導は、日本の浄土仏教の教えにもっとも大きな影響を与えたお坊さんである。どんな影響を与えたのかと言えば、念仏とは「南無阿弥陀仏」と声に出して称えることだ、という驚くべき革命的な解釈を表明したことが挙げられる。

その後の中国には根付かなかったけれど、日本においては、念仏と言えば、「南無阿弥陀仏」と称えることを指す。それ以外には思い当たらないほどである。

ちなみに、善導以外の中国の仏教では、念仏というのは、仏を念ずること、すなわち仏さまの姿をありありと思い描いていくイメージ瞑想の方法が主流だった。これはきっと想像がつくと思うが、実践しようとするとかなり難しいものだ。

イメージの念仏から称名《しょうみょう》の念仏へ。この発想の転換だけでも、善導の功績がいかにすごいことなのかが、なんとなくわかってもらえたのではないだろうか。

さて、念仏の説明はこれくらいにして、話を戻そう。

声に出して念仏するとどうなるか。死んだ後に、阿弥陀仏がおられる西方の極楽浄土に行くことができる、と善導は教えた。極楽浄土とは、言うまでもなく、死後の世界、あの世のことである。しかも、その世界は、苦しみが一切なく、清らかで光に満ちあふれた、恒久のユートピアである。

しばしば指摘されることであるが、臨死体験の報告の中で語られるあの世の光景と、浄土仏教が教える極楽浄土の描写はよく似ている。

念仏を称えながら死ねば、苦しみのない至福の世界に行くことができる。善導からそのように聞いたその人は、この世でのいのちを、みずから絶った。

そうなのだ。やはり死後に平安で幸福な世界が待っているとわかれば、人はこの世で生きるよりも死んだほうがマシだと考えてしまうのだ。この古い異国の記録は、まさしくそうしたことが実際に起きたことを示す歴史の証言であろう。

死んだらどうなるのか。こんな疑問をもつのは、ひょっとすると、この世で生きることが苦しくて、耐えられなくなったときなのかもしれない。

説法の座に飛び込み、念仏を称えながらみずから死んでいったその人は、どんな苦しみや辛さを抱えていたのだろう。言いしれぬ罪悪感にさいなまれていたのか。この世で生きることに絶望してしまったのか。

具体的なことは何もわからない。ただ、その人は、死の向こう側で待ってくれている光の世界に、すべてを賭けた。それだけは、はっきりしている。

「ときどき、自分が生きていていいのかなって、思うんです」

ふるえるような声で、ぽつりとその子は言った。

普段の教室ではおとなしくしているが、カウンセリングの場では、堰《せき》を切ったようにたくさんのことを話す。きっといろいろと我慢しているのだろう。

自分の描いた絵をもってきて、見せてくれたこともあった。

巫女《みこ》のような恰好をした女の子に、大きな白い蛇が巻きついている。女の子は心なしか悲しそうな顔をしている。そんなモチーフの絵。

繊細な線で織り込んでいくような画質といったらよいだろうか。静かなオーラがその絵にはあった。彼女が細やかな神経の持ち主だということがよくわかる。

あまり家族の話をしたがらない彼女が、あるとき自分の母親について話したことがあった。彼女のまぶたがピクピクと動き出した。そういえば、これまでは見せたことがなかったが、この子にはチックの症状があったのだ。

とても厳しくて、口うるさい。自分のことは何でも干渉してくる。思春期の子どもにとって、母親はみんなそんな風に見えるものだ。どこの家庭の母親もそんなものだよ、と感じながら、彼女の語りを聞いていた。

けれども、その子の母親は、機嫌が悪いときには決まって浴びせる言葉があった。

「おまえが生まれてこなかったら、もっと別の人生を歩んでいたのに……」

私の人生を返して。そう母親は娘に訴えていた。

その女性が子どもを身ごもる前、どんな人生を歩んでいたのか、詳しくはわからない。ただ、確かなのは、母親になることを望んではいなかった、ということ。その子を産むことによって、その女性の人生は大きく変わってしまった。自分が思い描いていた現実とは、かけ離れてしまったのだ。

「親からほめられたことなんて、一度もないですよ」

小さな子どもは、親の愛情を確認するために、何をしているときでも、「見て、見て」とアピールする。しかし、その子は、何をしても母親が否定することを知っていたから、なるべく母親の前ではおとなしく、機嫌を損ねないように顔色をうかがっていた。

私が生まれてこないほうが、お母さんは幸せだったのだ。「生まれてきてしまって、ごめんなさい」。自分の中にある感覚は、いつもこうだった。

それでも、勉強だけは、まるで労役作業のごとくしつけられた。父親は物心がついたときにはもういなかった。母と二人だけの空間。逃げる場所はどこにもない。小学校にあがるまえに、九九を覚えさせられ、漢字やアルファベットを練習するように命じられた。

泣くとか、わめくとか、そんな甘えたふるまいは許されない。ただ一方的に支配されるだけの生活が、生きている限りどこまでも続く。

だから、そう、だから、なのである。

死んだらどうなるんだろう。いつしか、彼女の心の中に芽生えた叫びだった。


「死ぬときには、きっと神さまが迎えにきてくれるんじゃないかって、変な願望があるんですよ。自分が居てもいい場所に連れていってくれるんじゃないかって」

彼女が祈るように求めていたのは、死後の救済だった。

私は何とも言葉を返してあげられなかった。その祈りが実現したらいいねと共感したほうがよいのか、それともそんな逃避願望に身をゆだねるべきじゃないと忠告したほうがよいのか、いろんな考えが頭の中をよぎった。

「将来の夢っていうか、そういうのはあるの?」

自分でもなぜだかわからないが、こういう質問が口をついて出た。

少し考え込んでから、彼女は顔を上げてはっきりと言った。

「助産師になりたいと思っています」

意外な答えだった。私が戸惑っていると、彼女は続けて語り出した。

「この世に人が生まれてくるお手伝いがしたいんです。産道を通ってくるときって、じつは人生で一番苦しいときなんだって聞いたことがないですか。前に、テレビで出産のシーンを観たことがあるんですけど、助産師さんって、赤ちゃんを産むお母さんが力むのに合わせて、ヒィー、ヒィー、フゥーって、何度も一緒に呼吸を合わせながら、汗ばみながらがんばっているんですよね。これって、産道を通ってくる赤ちゃんの苦しみをなんとか共有しようとしているんだなって思ったんです。だから、助産師ってすごいなあって」

「苦しみを共有したいから、助産師になりたいの？」

「この世に生まれてくるときが苦しくて、生まれてからも苦しいのって、どうなのって思う。だから、苦しみを共有する、うーん、代わってあげたいっていうか……。苦しんで生まれてきてもこの世界はそんなに悪くないよって、伝えたいっていうか……。私、なにが言いたいのかわかりませんよね。でも、そんな気持ちなんですよ」

彼女はちょっと照れ笑いをした。私は、なんとなくだが、ああそうか、と納得した。彼女の気持ちがわかるような気がしたのだ。

死後の世界に救いを求めることと、人がこの世に生まれてくることに興味をもつこと。この二つの心性は、どうやら深層ではつながっているようである。

いのちが誕生する場面というのは、想像するよりもずっと過酷である。赤ん坊が母胎からすんなりと出てくるわけではない。うちの妻はよく、鼻の孔からスイカを出すようなものだ、と言っていたが、冗談ではなく、本当にそんな感覚なのだろう。

暮らしの中の仏教語に、四苦《しく》八苦《はっく》というのがある。この中、四苦というのは、生老病《しょうろうびょう》死《し》の四つの苦しみを言う。後半の三つ、老、病、死が、苦しみと考えるのはだいたいわかる。では、生はどうか。

若い頃、生苦《しょうく》というのは、生きることが苦しい、という意味だと思っていた。しかし、じつは、生まれてくるときの苦しみだと知ったときには、ちょっと驚いた。まず記憶がないので、苦しみという感覚がピンとこない。きっとこれは、身体の奥に深く刻まれた苦しみの記憶なのだと思う。

心理学に目をやれば、フロイトの弟子で、オットー・ランクという人が、「出生外傷《バーストラウマ》」という説を唱えている。ランクは、産道を通ってくることよりも、子宮という楽園から引き離されて現実世界に出されること、その生理的な意味での母子の分離体験を指して、トラウマと呼んでいたようである。

このトラウマが根源的な不安となり、その記憶が無意識へと閉じこめられる。けれども、何かのきっかけで封印された記憶が刺激されると、不安神経症として表れることになる。心の病気の根本原因は、生まれたときにさかのぼれるというのだ。

出生時のトラウマは、ほかにも考えられる。哺乳類の宿命というべきか、狭い産道を通ってくるときの圧迫感、閉塞感に加えて、羊水から外界に出たときには、肺呼吸をしなければならない。おぎゃーと泣く第一声、その瞬間に空気が初めて肺に入ってくる。このとき、胎児は窒息する感覚を覚えるという。肺呼吸するためには、水中で溺れるような感覚をいったん通らなければならず、かなりの苦しみのようだ。

人が死を怖いと感じるのは、こうした誕生のときの潜在記憶によっているのではないだろうか。誕生が死の体験に近いのだとすると、死後の世界を求める気持ちが、誕生の体験へと惹《ひ》かれていくのも、わからなくはないように思う。浄土仏教では、浄土へ旅立つことを「往生《おうじょう》（生まれ往く）」というが、ここにも符合を感じる。

誕生（死）からこの世へ、死（往生）からあの世へ。この奇妙な周旋《しゅうせん》によって、この世とあの世はつながっているかのようである。

もう一つ、彼女の語りの中で気になったことがある。それは、誕生の苦しみを共有したい、代わってあげたい、という感覚である。

彼女は、この世に生まれてくる赤ちゃんがかわいそうだと言う。生まれるときも苦、この世を生きていくことも苦。まさに厭世《えんせい》主義。こういう感性は、それこそ社会の常識からすれば、眉をひそめるものだろう。

だったら、そもそも生まれてこなければいい。生まれてしまったのであれば、早々に死んだほうがマシじゃないか。しかしながら、彼女はそうは考えなかった。

確かに、死後の救済を彼女は祈っている。死んだ後には苦しみのない至福の世界が待っている、と信じたがっている。むしろ、だからこそ、かえって彼女は、この世で生きることの意味を見出すことができたのではないだろうか。

傷ついた人間は、人を助けたいと思うようになる。これは援助職を志す者にしばしば見られる心理である。本当は、自分が助けてもらいたい、自分の心の傷つき、苦しみをわかってほしい、そういう気持ちを他者に投影して同一視する。人を助けることを通して、自分を助けようとしている。

よくわかる論理ではある。けれども、じつはそうではないのではないか。

それが、苦しみを共有したい、苦しみを代わってあげたい、という感覚である。代受苦《だいじゅく》。自己犠牲。そうした感覚によって、初めてこの世界とつながることができる。この世界に戻ってくることができるのだ。

この世が苦しいと感じることから、死後の世界を求める。しかし、そうした感覚が、かえってこの世の苦しみを人と共有しようとする。苦しみを引き受けたいと考えるようになる。この矛盾反転において、ようやく生きる意味が照射されるのであろう。言わば、この世を生きようとするギリギリの感覚がよみがえってくるのである。

そういえば、先に見た「善導伝」は、後世になると誤った伝えられ方をしている。興味深いことに、念仏しながら木から身を投げて死んだ男のエピソードは、善導自身の話として改変されているのだ。

描き方自体は、この世が苦しみであり、厭うべきものであるから、西方浄土に往って救われたいと思って身を投げる、という筋書きである。

ただし、善導は、浄土における救い、死後の救済を確信している。もはや賭けではない。言うなれば、どのような者であっても、必ず救い摂《と》って見捨てることがないという、阿弥陀仏の絶対的な救済力を、みずからの投身行為によって証明しているのだ。

こうした絶対の信仰に立って仏に身を捧げる行為は、「捨身供養《しゃしんくよう》」と呼ばれる。狂信とも見まがう行為である。だが、そこに流れているのは、人々の苦しみを共有し、その苦しみを引き受けて、みずからが犠牲になる、という利他《りた》の精神にほかならない。

この世が苦しいからあの世に望みを託して死んでいくのではない。この世が苦しいからこそ、あえて苦しみを引き受けることで、絶対安心の世界がこの世の生を支えていることを、身をもって示しているのである。

人は、死後の救いを求めることで、かえって生きることの意味を見出すのである。

第2章 いのちより大切なもの

もう何年くらい前になるだろうか。学校の現場でカウンセラーの仕事をする前、終末期の緩和ケア病棟をもつ病院で、談話ボランティアをしていたことがあった。

当時の私は、カウンセリングの勉強を始めたばかりで、できれば終末期医療の現場でカウンセラーの仕事ができないものかと考えていた。

私は、死の問題にもっと直接的に関わりたかった。

人は、自分の死に向き合うことによって、初めて「本当の自分」に目覚めることができるのではないか。そんな風に、死を理想化していた時期でもあった。今思うと、談話ボランティアを通して出会った人々は、私の考えが抽象的な思考の中にとどまっていたことを教えてくれたようにも思う。

死と向き合う。それはどういうことなのか。

一つの出会いをふりかえることで、改めてこの問いを考えてみたくなった。

その日、談話ボランティアにいくと、お世話になっている看護師長に呼びとめられ、一人の女子学生を紹介された。

この病院には看護大学が併設されていて、彼女はそこの学生だった。春の実習中に体調を崩し、検査入院の結果、急性骨髄性白血病であることが発覚した。けれど、本人の希望で、休学せずに大学で学びながら通院治療を行うことになった。

実習指導をしていた大学の教員が、精神的な負担も多いだろうからとカウンセリングを受けることを勧め、緩和ケア病棟の看護師長に相談したところ、談話ボランティアにきていた私がいいのでは、という話になったそうだ。

病院内の談話室の一角に個室がある。患者やスタッフと個別に話をしたい場合は、そこで会うことになっていた。

彼女は、細身で色白であり、また端正な顔立ちをしていて、大事に育てられてきたお嬢様という感じだった。挨拶がとても礼儀正しかった。

話しはじめると、すぐに打ち解け、慣れてくると人なつこくなり、愛想もよく、疎通性も高かった。こちらに話を合わせようとする姿勢がうかがわれ、意識して良い子を演じているようにも見えた。

病気のことに触れると、「なんとなくまだ実感が湧かないです。検査の結果を聞いて最初は驚いて不安になったけど、今は薬で抑えているせいかあまり症状も出てないし、考え出すと怖くなるのであまり考えないようにしています」と話す。

私が「まだカウンセリングの勉強を始めたばかりなのだけれど……」と控えめに告げると、「全然、問題ないです。いろいろと悩んで考え込んでしまう性格なので、前からカウンセリングって受けてみたいなと思っていたんです。気さくで話しやすい感じの人だったのでよかったです。よろしくお願いします」と言った。

その後、家族の話題になった。母親は一九歳のときに出産したので、まだ四〇歳を少し過ぎたくらい。子どもの英語塾の手伝いをしている。父親は五〇代前半で高校の教員。じつは両親は先生と教え子の関係だったという。それから、高校三年生の弟がいて、今年の夏にはホームステイに行く予定。父方の祖父は、小さい頃に他界してよく覚えていない。祖母は昨年の暮れに膵臓《すいぞう》ガンで亡くなった。

家族の中では母親とはよく話をするが、父親とは滅多に話さない。今回、病気になったことで両親が大学の寮に来てくれたが、父親はオロオロするばかりでうまく言葉が出ない感じ。母親は冷静で、「とにかく気を落としちゃダメ」と励ましてくれた。

彼女は矢継ぎ早に語り、「自分が何者なのか」を家族の紹介を通して、無邪気に私に示そうとしている感じだった。

途中で、彼女の名字に「さん」を付けて呼んだときだった。「カナって呼んでください。みんなからそう呼ばれているし、そのほうがしっくりくる感じがするので」

彼女の名前はカナコだったが、愛称で呼んでほしいという。急速に距離感を縮めようとしている気がした。少し焦っているのでは、とも思った。

こうして、私が病院に談話ボランティアに来るときに合わせて、カナがカウンセリングを受けに来る、という関係が始まることになった。

カナが談話室に入ってくるときは、いるのかな？　といった感じで中をのぞき込み、私の姿を見つけると、うれしそうな顔をして入ってきた。「自分のことを聞いて欲しいから」と告げることが多く、遠慮なく思いついたまま話をする。抗ガン剤で症状が抑えられているせいか、身体的には安定しているようだった。

カナは、病気のことを除けば、ごく普通の大学生だった。その頃は、よく自分の性格について語っていた。

「私はすぐに仮面をかぶってしまうんです。なんか本当の自分をさらけ出すのが苦手というか、できないんですよね。表面的につくろって、なんとなく笑って、いい人のふりをするんだけど、あとですごく疲れている。本当の自分を見せられないんです」

「本当の自分って、どんな感じなの？」

「めちゃくちゃわがままで、とっても残酷！　要するに、私はお姫様なんです。お姫様って、人の気持ちとか考えないし、平気で人を傷つける。それが快感みたいなところがあるんですよね。でも実際にやったら、最悪じゃないですか。だから、できるだけ自分に仮面をつけて大人しくしているんです」

「ここではどう？　僕と話しているときも、カナは仮面をかぶっているの？」

「こうやって話を聞いてもらっているときは、なんかちがう気がする。でも、また別の仮面をつけているのかも！　今は本音でしゃべっているって感覚はありますよ。うーん、きっとこういう風に話を聞いてくれる人が周りにいないからかなあ」

「わがままでお姫様な自分をさらけ出せる人はいないの？」

「……そうですね、やっぱりヨシくん。ヨシくんはほんと優しい。私がいつも子どもみたいな態度でいても必ず許してくれる。とっても大人なんです」

ヨシくんは、つき合って二年ほど経つ年上の恋人である。


ときおり熱が出て調子がよくないという連絡が入り、面談が延期されることがあった。しかもこの間に、背中に大きな紫斑ができて鼻血が止まらない、という出来事があった。寮内で大騒ぎになり、カナの病気のことが寮生に知らされた。すぐに病院に搬送されたが、大事には至らなかった。

カナにふたたび会ったときには、顔色もよく、いつもの明るい調子で元気がよかった。

「鼻血が止まらなかったときは、さすがにパニックになりましたよ。すごい量で真っ赤なんだもん。あんなの実習でも見たことない。寮生のみんなが慌てて、大丈夫？とか言ってくれて心配かけてしまって。

私ってやっぱり白血病なんだなって思い知らされました。でも、気持ちの中では、やるぞ！って感じ。負けてられない。痛みとかが抑えられているからかな。今はこの病気と闘ってやるって本気で思っています」

「生きることが大事。とりあえず就職して、国家試験に受かることが大事だなあって思っています。自分が死ぬことをすぐに考えてしまう。でもそのたびに、負けちゃダメだって、言い聞かせています。看護師になるって夢だけは叶えたい。それが今の支えです」

夏休みに、カナは実家の近くの病院に就職面接を受けに行った。けれど、健康診断書からやはり今は入院治療をしたほうがいいだろうと断られてしまった。とても情けない気持ちになった。

カナの両親はそれほど仲がよいわけではない。意見が合わなくてケンカになることもしょっちゅう。今回の件をきっかけに、カナのことでケンカになった。

父親は、カナに大学を休学して専門の病院で治療に専念すべきだと主張したが、カナは大学には通えるし、休学しないで卒業したいと反抗した。母親はカナの味方になってくれたので、父親と対立することになった。

カナは、「パパとはいつも意見が違うし、私の気持ちをわかってくれない。現実的だとは思うけど、せっかくここまで来たのに頑張らせてよって思う」と語る。結局、父親と和解できないまま、夏休み明けにまた大学の寮に戻ってきた。弟はホームステイに行って大人になって帰ってきた。海外の大学を受験したいと言っている。

秋になった。主治医の女性医師が、いろいろと生活の制限をしてくるのが、なんだか窮屈に感じてしまう。ゼミの課題も溜まっているので、夜遅くまで起きてやらないといけないし、運動は絶対ダメだと言われているが、走るのが好きなので時間を見つけて寮の近所を走っている。たまに体を動かしたほうがむしろ調子がいい。しかし、そのことがばれて、主治医からも指導教授からも叱られてしまった。

日曜日にヨシくんと会って、このエピソードを話したら珍しくすごい剣幕で怒られた。カナは「なんで私の味方になってくれないの？」と、涙を流して反抗した。本当は一番心配してくれて怒ってくれているとわかっているのに、そのときは、逆にカナも怒りだして「送ってくれなくていい！」とやけになり、一人で地下鉄に乗って帰ってきた。そのあと携帯にヨシくんから謝りのメールがあったが、無視した。

その日の夜、三回連続でストーリーになっている夢を見た。

興奮してなかなか寝つけなかったが、浅い眠りの中で、ヨシくんを包丁で刺し殺す夢を見た。何度も何度も刺して、血しぶきが顔に吹きかかったところで目が覚めた。汗でびっしょりになっていた。あまりにリアルな夢だったので現実との区別がわからなくなり、怖くなってしまった。

シャワーを浴びたあと、ふたたび眠ると、今度は場面が実家で、ヨシくんの死体を引きずって近くの畑まで運んでいく夢だった。玄関先が真っ赤に血で染まってしまったので、一生懸命拭いて消そうとしたがなかなか落ちない、というところで目が覚めた。起きてからガタガタ震えてきて、眠るのが怖くなった。

朝方になって眠りだすと、今度は畑の場面で、亡くなった祖母が畑仕事をしていて、鍬《くわ》で土を耕していたら、そこに埋めてあったヨシくんの死体が見つかってしまった。もう後がないと思い、祖母に「私が殺しました」と正直に白状する夢だった。

夢があまりにリアルでしかも連続ストーリーになっているので、本当に自分がヨシくんを殺したんじゃないかと思った。メールを出して確認したら、昼過ぎに返事がきたので安心した。

年末に、主治医のほうから「年明けに講義期間が終わったらすぐに入院して集中治療に切り替えるように」という指示を受けた。カナにとっては不本意な選択であったが、しぶしぶ「わかりました」と答えた。

「なんで入院は嫌なの？」と聞くと、「ここの病院に入院したら、同級生とか先輩とかが働いているんですよ。なんだか恥ずかしいです。それに、病人として生きていきたくない。社会の中で働いていたい。仕事をしてなかったら、自分はもうこの世では要らない人間なんだって思えてきて、生きる気力を失くしてしまいそう」と答えた。

年が明け、二月に入り、看護大学の履修がすべて終わった。のこるは国家試験と卒業式のみとなった。

カナが入院することになったので、私は彼女が調子のよいときに病室を訪れ、ベッドサイドでカウンセリングを続けた。カナの身体はだいぶ瘠《や》せて、疲れ果ててしまったような表情を見せていた。化学療法を続けてもなかなか寛解につながらないため、治療方針を切り替える必要があると主治医から告げられたという。

意気消沈しながら、「今は何も考えたくないです。ずっとだるい状態が続いているので。もう早く治してって感じです」と、いつもよりゆっくりとした口調で話した。それから、国家試験を受験できる健康状態ではないということで、今回の受験はひとまず断念するように諭されたことを話した。

しばらくの沈黙のあと、「せっかくここまで来たのに、なんだか自分だけ置いてきぼりにされてしまって……」と言葉に詰まり、泣き出してしまった。

「なんで私だけこんな損な役回りなんだろう。神さまがいるとしたら絶対に不公平！　私がこんな罰をうけなくちゃいけない理由はなんなのって聞きたいよ！」

泣きながらかなり激しい口調で語った。

カナの気持ちが痛いほどに伝わってきて、私は胸が苦しくなった。

ベッドの横の棚に、色紙やイラストが飾ってあるのが見えた。

「大学の友達がお見舞いに来るの？」

「……毎日のように来てくれますよ。みんなの前では泣けないので、笑顔をつくるのが精一杯です。でもやっぱりうれしいものですね。……今日は気持ちが落ち込んでいたから、つい甘えちゃった」と少し明るい表情を見せた。

帰りがけに、「これからが本当の闘病生活なんだから、もっと私が強くならないといけませんね」と言った。

カナの治療経過は一進一退をくり返し、抗ガン剤の副作用などにも悩まされるようになった。そのためか、彼女は自分の死について見つめるようになっていった。

「最近は、死んだらどうなるんだろうって、よく考えます。以前は死んだらこれで終わりとか思っていたけど、なんかもっと大事なものがその先にあるような気がするんです。魂が生まれ変わるとか言う人もいるけど、どうなのかな。でも今の記憶を全部失って、全然違ったものになるのは嫌ですね。仏教ではどう考えるんですか？」

「生まれ変わりはインドやチベットでは信じられているけど、日本の仏教はあんまり言わないね。極楽《ごくらく》に往くか、地獄に落ちるかってところじゃない？」

「でも、極楽って本当にあるんじゃないですか？　ほら、トンネルみたいなところを通ったら、お花畑が見えて、きれいな音楽が聞こえるとかって、言うじゃないですか。なんだか夢の中に吸い込まれていくみたいだなって感じがします」

「極楽なら行ってみたい気がする？」

「うーん……、今はまだ行きたくないなあ。……私、思うんですけど、こういう病気になって、得することって何かあるのかなって考えると、自分のことや周りの人のことが前よりもよく見えてきたのかなって思うんですよね。

今まで好き勝手に生きてきたし、親にもわがまま言いたい放題だし、ヨシくんなんか私の言葉に振り回されているし、そういう自分がなんか嫌な女だなって思えてきて。だからもっと周りの人を大事にしようって、考えるようになってきました。

死んでまったく別の世界に行っちゃったら、もう私のことを大切にしてくれている人にも会えないし、そんなの嫌だなって思っちゃって」

「周りの人への感謝の気持ちが出てきたってこと？」

「感謝っていうとなんか違うんですけど、今の関係を大切にしたいっていうか……。このあいだなんか、寮の仲間がお見舞いに来てくれたときに、あんまり深く話したことなかった人といろいろと話しているうちに面白い発見があったりして。

たとえば、私は子どもの頃に、時間がどんどん過ぎていくのがめっちゃ怖かったんですけど、その話をしたら、「ああ、その気持ちわかる、私もあったよ」とか言われて、私だけじゃなかったんだって思えたり。そんな些細なことなのに、なんだかうれしくなることがあって。だから自分一人で生きているわけじゃないんだなって、当たり前のことなんだけど、妙に納得したりして。私って変ですよね」

五月の終わり。その日は、カナと同じ病棟の男性患者が亡くなった話を聞いたためか、動揺が激しかった。

「結局、人間って、遅かれ早かれ死ぬんですよね。それはわかっているのに、何でこんなに死ぬのが怖いんだろう。死にたくない！　死にたくないよ！　私にはまだやり残したことがあるんだから……。

とにかく自分が死ぬことを考えだしたら、そのことばかり頭をめぐってしまって、今は何もかも怖い感じがします。なんだか自分が狂ってしまいそうで、怖いんです」

この面接の三日後くらいに、カナから長めのメールが届いた。そこには、しばらく自分一人でゆっくり考えてみたいのでカウンセリングを休止したい、といった主旨のことが書かれていた。

それから、数か月が経ったある日、談話ボランティアで病院を訪れたときに、緩和ケア病棟の看護師長に呼ばれて、カナとふたたび会うことになった。

カナは緩和ケア病棟に移っていた。それは本人の希望だったそうである。カナの容姿は瘠せこけて手の甲に黄疸《おうだん》が見えていたが、悲壮感は感じられなかった。むしろ蒼白《そうはく》な顔から澄み切った美しさが放たれているようにすら感じられた。

「この病棟に移してもらって本当によかったなあって思っているんです。その前は病気と闘ってやると気負っていた自分がいたんですけど、ここの患者さんたちと会っていると、なんだか自分が素直になれるような感じがして。実習のときも緩和ケア病棟だけはどこか特別だったんですよね。今はあのときよりもっと患者さんの話が心に滲《し》みます」

それから、おもむろに水彩画の描かれた詩集を出してきて、あるページを開いて、私に見せてくれた。

「私、この詩になんだか惹《ひ》きつけられてしまって」

いのちが一番大切だと
思っていたころ
生きるのが苦しかった
いのちより大切なものが
あると知った日
生きているのが

嬉しかった

星野富弘の詩だった。おだまきの花が美しく咲いている姿が描かれた水彩画に、味わいのある字で詩が添えられている。

カナの感覚では、ここに書いてある「いのちより大切なもの」によって、今の自分の心境がうまく代弁されているという。「今はどんな気持ちでいるの?」と尋ねると、

「静かな気持ちです。なんていうか、ああ、生きているっていいなあって、しみじみと感じますね。またすぐに変わるかもしれないけど、今の正直な気持ちです。

両親もよく来てくれるし、海外に行った弟も帰国したときは必ず来てくれます。看護大学の頃の友人たちも。それに、ここの病棟の先輩たちなんかすごく親切にしてくれて。

ただ、ヨシくんには、もう会わないほうがいいねって言って別れました。けっして嫌いになったわけじゃないんです。ヨシくんが私の姿を見ているのがつらそうだし、私もつらいから。でも、そうやって、いろんな人とのつながりがあるから、私がいるんだなあとか思って。それが「いのちより大切なもの」なのかなあって思うんです」

程なくして、カナは実家に戻り、在宅での治療に切り替えたため、直接に会って話をす

ることはできなくなった。

数週間が経ち、カナから絵はがきが届いた。そこには、「今まで話を聞いてくださって本当にありがとうございました。とっても幸福な時間でした」という一文が、丁寧な字で書かれていた。

その後のカナの経過については、不明である。病院のスタッフに聞けば何らかの事情を聞くこともできたが、あえて連絡を入れることはしないことにした。


当時をふりかえってみるとき、私は本当にカナの気持ちに寄り添うことができていたのか、自信がない。

カナはありのままストレートな自分をさらけ出していたようにも見えたが、実際には、私の前でも一つの仮面をかぶり続けていただけなのかもしれない。それでも私は、その仮面の奥に潜む何かに触れようとしていた。それはカナも同じだったにちがいない。

カナが抑うつから怒りの感情へと移行し、その葛藤を象徴する三回連続で見た夢の話や、泣き出しながら「なんでこんな罰を受けなくてはならないの!」「死にたくない!」と悲痛な心情を吐露する場面では、私はもはやどうすることもできず、ただ祈るように申しわけない気持ちで一杯になっていた。

だが一方で、私はカナから、いやもっと正確には、カナの背後にある「何か」から、試されているような、問いかけられているような感覚を、常に感じていた。そして、彼女が惹きつけられた詩画集の言葉を通して、その「何か」が暗示されたのである。


「いのちより大切なもの」


まるで魔法のような言葉だ。心が呼び覚まされると同時に、すぐさま迷宮へと引きずり込まれてしまう。そんな言葉である。思えば私は、この言葉を与えられたことで、カナと出会ったことの意味に、ようやく気づかされたようにも感じられる。

私たちは、「いのちより大切なもの」に導かれて出会い、「いのちより大切なもの」から死との向き合い方を教えられていた。気づいてみれば、そこではずっと「いのちより大切なもの」に支えられていたのである。

人は、自分の死と本気で向き合ったときには、どうしても「いのちより大切なもの」に触れざるを得なくなるようだ。

ガンを告知され、余命数か月と言われた四〇代のある女性患者は、「自分が生きてきた証《あか》しが欲しい」と語った。彼女は仕事をしていたし、夫や子どももいた。周囲の者たちは、それこそ仕事や家族が「生きてきた証し」ではないのか、と訝《いぶか》った。仕事も誇りに思ってきたし、家族も大事に考えている。でもそれとは違う何か。この世に生まれてきて死んでいく、その意味を知りたい。つまり、それが「生きてきた証し」なのだという。「生きてきた証し」と「いのちより大切なもの」。言葉は異なっているが、そこに流れている音調は見事に重なっている。

カナの場合では、夢を通してこのことが示されていた。

三回連続で見たストーリー性をもつ強烈な印象夢。この夢に表れる「何度も執拗に刺し続ける」「死体を埋めて覆い隠そうとする」「懸命に血を拭き消そうとする」などの激しい行動は、不条理な境遇を拒絶し封印しようとするカナの怒りの爆発的なエネルギーを象徴していた。

ところが、三回目の夢では、ガンで亡くなったはずの祖母が現れて、拒絶し封印したはずのものをもう一度掘り起こしてしまう。これは要するに、「怒りで見失っているあなたの本当に大切なものを、もう一度ちゃんと見つめ直してごらん！」という、死者からのメッセージだった。カナはこのメッセージに呼応するように素直に罪を告白し、そこからいよいよ本格的に現実の死と向き合っていった。

やがて、カナは「家族を含めた人と人とのつながりを通して、今の私が生きている」ことに気づき、そのことが「いのちより大切なもの」だと考える。カナの感じた「人と人とのつながり」は、「いのちより大切なもの」を表しているというよりは、これに触れたことによって湧きあがってきた感覚を具象化したものだろう。

カナは「いのちより大切なもの」に触れた。そのことで、自分を縛っていたいのちへのこだわりから抜け出すことができた。カナが「生きているっていいなあ」としみじみと感じられたのは、そのためである。

仏教語にわざわざ結びつける必要もないのだが、「他力《たりき》」というのは、おそらくこういうことなのではないか、と今の私は思うのである。

第3章 傍らにいて、ともに悲しむ

日曜日の昼下がり、携帯の着信音が鳴った。教育委員会からだった。

「突然にお電話してすみません。明日なんですが、お時間は空いていませんか。緊急支援のために学校に入ってほしいのですが……」

一瞬、耳を疑ったが、すぐに用件の意味することが理解できた。次の日はたまたま予定が入っていなかった。

自分に声がかかったことに少し驚きつつも、たいして迷わずに承諾した。

「わかりました。大丈夫です、私でよければ支援にうかがいます」

けっして多くはないのだが、学校では、児童生徒の生命に関わるような事件や事故が起こることがある。そういうときは、児童生徒のみならず、教員たちも不安や動揺にさらされることになる。そんな危機状態に陥った学校の態勢を立て直すために、専門家が入って、数日のあいだ心のケアを行う。これが緊急支援である。

土曜日の夕方、その学校の生徒の一人が、誰にも気づかれずにみずからのいのちを絶った。遺書はなかった。いじめを受けていたとか、そういう話はとくに聞いていない。なぜそんな行動に出てしまったのか、家族にも見当がつかないらしい。

このことは連絡を受けた一部の教員しか知らない。知っている生徒はまだ誰もいない。しかし、月曜日の朝には、全校にこの悲しい事実を伝えなければならない。

かなりの衝撃が走ることだろう。予測の立てにくい事態である。教育委員会と学校とが協議した結果、是非とも専門家に入ってもらって、緊急の心のケアを実施したほうがよいという話になった。


月曜日の朝、七時半くらいに学校に着いた。早速、校長室に通された。心のケアのために派遣されたカウンセラーは、私のほかにもう一人いて、すでに来ていた。もともとこの学校を担当しているスクールカウンセラーである。

重苦しく緊張した面持ちのまま、打ち合わせが始まった。養護教諭のほうから、動揺して来談してくるかもしれない心配な生徒のリストを作ったので、と紙を渡された。走り書きのようなコピーで、クラスと名前のほかに詳しいことは何も書かれていない。

八時半をすぎた頃、朝のホームルームが行われるのに合わせて、校長から臨時の放送が入った。静まりかえった校舎に、放送の声が響きわたる。

一人の生徒のあまりに悲しい出来事。校長室で放送を聞いていたので、生徒たちがどんな様子なのかはわからない。ただ、全体の空気が急速に張りつめていく感覚が、この学校を初めて訪れた者にも十分すぎるほど伝わっていた。

カウンセラーは、二つの部屋にそれぞれ分かれて待機する。生徒たちには、気分が変調して授業が受けられないと感じたら、今日はいつでもカウンセラーのところへ来談してもよいと告げられている。

私が待機することになったのは、特別棟の二階の奥にある音楽準備室で、教室棟とは離れていた。急いで用意したのか、簡易のソファが隅のほうに置かれ、真ん中に椅子と机が雑然と置かれていた。

部屋に案内されるとすぐに、一人の女子生徒が先生に連れられて入ってきた。うつむいたままで、すすり泣きながら涙を流していた。

ソファに座っても、彼女はハンカチで涙が流れるのを押さえながら、ずっと泣き続けたままだった。私は、そばに椅子をもっていき、傍らに座ることにした。

話しかける必要はまったくなかった。彼女は悲しみの中に包まれていて、静かに深くむせび泣いている。ただそれだけだった。一緒に空間をともにすることが、きっと今は大事なのだろう。何もしなくてもいい。そばにいて涙する自分をありのまま受け止めてくれればそれでいい。彼女は全身でそう訴えていた。

亡くなった生徒とどんな関係にあったのかはわからない。心配な生徒のリストには彼女の名前が書いてあった。学年は同じだがクラスは違っている。

「友だち……なのかな?」

悲しみの時をさえぎるように問いかけてしまったことを後悔したが、もう遅かった。

「保育園のときからずっと一緒でした」

搾り出すような涙声で、こちらの気持ちを察するかのように答えてくれた。

彼女と交わした会話はこれきりだった。だが、その一言で、彼女が泣きくずれてしまった理由がすべて語られていた。涙はとめどもなく流れてくる。自分でもどうすることもできないくらいに。なぜ涙があふれ出てくるのかもわからないくらいに。

どれくらい時間が経ったのだろうか。彼女はハンカチで涙をふくと、しばらくじっと一点を見つめて、放心していた。

一限目の終了のチャイムが鳴った。

彼女はおもむろに立ち上がった。「一人で戻れそう?」と声をかけると、ゆっくりと首を縦にふった。それから、一礼をして去っていった。

緊急支援に入ってみて、ずっと感じていた感覚があった。いつもとは違う感覚である。何かに突き動かされている感覚といったらよいだろうか。

この臨時に設置されたカウンセラー室を訪れる生徒たちはみな、得体の知れない何者かに導かれてやって来る、という感じがした。妙な言い回しであるし、誤解を招く表現であると思うが、確かにそんな感覚なのである。

生徒たちは悩みを相談するために訪れるのではなかった。言葉を求めているわけではない。ただ誰かが近くにいること、傍らにいることを、静かに欲しているのだ。

午前中の終わりに来談してきたのは、男子生徒だった。

リストに名前はなかった。亡くなった生徒とはクラスも学年も違っていた。知り合いなのかと聞いても、よくは知らないと答えるだけだった。

彼は、私の斜め前に座ると、少し前のめりの姿勢で、両肘を机にのせて手を組み、そこに頭をつけて、祈るようなポーズをしながら、じっと目をつぶった。私は、深く静かな呼吸を感じながら、どこともつかないところを眺めていた。

沈黙の時が、ゆっくりと流れていく。

あたりには楽器のケースがいくつか置かれている。音楽が奏でられているわけでもないのに、沈黙の主旋律に合わせて、音色が聞こえてくるかのようだった。

「悲しいことを思い出した」

ポツリと彼はつぶやいた。うっすらと沈黙が引いていく。

「教室で放送を聞いてから、何だか落ち着かなくなった……。それで来てみた」

ぶっきらぼうな口調で、彼は自分の気持ちを解き放った。

それから、かわいがっていた飼い猫が車に轢《ひ》かれて死んでしまった話を、自分自身に言い聞かせるように語り出した。しばらく忘れていたはずなのに、心の底からこみ上げてくるように思い出したのだという。語り終えてから、また沈黙になった。なぜかはわからないが、私のほうからは問いかけないほうがよいように思った。

チャイムが鳴った。しばらく彼は動こうとしなかった。やがてあたりを見渡すと、立ち上がり背伸びをした。

「なんか、よかった気がする」それだけ言って、彼は音楽準備室をあとにした。

サンスクリット語に、「ウパスターナ」という言葉がある。意味は、傍らに立つ、近くに立つ、ということ。とても魅力的な言葉だ。仏教語に由来する日常語に「看病」というのがあるが、この「看」に当たるのが、ウパスターナである。

看病とか看護というと、普通は能動的に病人にはたらきかけることだと考えてしまいがちである。ところが、ウパスターナはあくまで受動的。ただそばにいる。何かするわけではない。いや、むしろ何もできないのだ。できることは、その人の傍らにいて、その時がやってくるのをともに待つことだけである。

初期仏教の修行僧は、ときに看病人と呼ばれることがあった。もっとも古い経典とされるパーリ語の仏典には、「目覚めた人、ブッダに仕えようと思う者は、病者を看病せよ」と説かれている。どういう状況なのか、少しわかりにくいかもしれない。病とは、身体的な病気ももちろん指しているが、それ以上に、精神的な苦悩や悲哀を問題にしている。

苦悩や悲痛のなかで打ちひしがれている者にとって、言葉は補助的なものにすぎない。正確に言えば、彼らは真の「言葉」を欲している。言葉はそのためのスパイスである。

「死の床にある人、絶望の底にある人を救うことができるのは、医療ではなくて言葉である。宗教でもなくて、言葉である」

哲学者の池田晶子は、このように言った。この一文に出会ったとき、ウパスターナのことだと直感的に感じ取るまでに、多くの時はいらなかった。

池田が用いた「言葉」とは、言葉以前の「言葉」にほかならない。何かを伝達するための手段としての言葉ではない。それは、存在のむこう側から開かれる根源語。いみじくもダイアローグの思索家マルティン・ブーバーが言った、「あなた（Du）」のことだ。「あなた」は、その人の傍らに立つことによって、初めて立ち現れてくる。

「悲しいと感じるそのとき、君は近くに、亡き愛する人を感じたことはないだろうか。ぼくらが悲しいのは、その人がいなくなったことよりも、むしろ、近くにいるからだ、そう思ったことはないだろうか」

若松英輔は、「悲しみは、死者が訪れる合図である」と言う。来室した生徒たちが悲しいと感じていたそのとき、その傍らでともに悲しんでいたのは、死者だったのだ。そこに居合わせた私は、死者に突き動かされ、死者の訪れを媒介していたにすぎない。

泣き続けていた女子生徒も、悲しみを思い出して落ち着かなくなった男子生徒も、けっして言葉を必要とはしなかった。なぜなら、彼らは、彼らのもっとも近くにいた死者の「言葉」に身をゆだねていたからである。

ウパスターナ。本当に傍らに立っているのは、死者である。死者は、「言葉」となって生者の魂にはたらきかけ、深く静かに寄り添う。悲しみに暮れる者にとって、死者こそがもっとも身近にいて、悲しみを癒してくれる「あなた」なのだ。

午後になった。食事を終え、昼休みを窓の外を眺めながら何気なく過ごしていると、ノックの音がした。

「お時間、よろしいでしょうか?」

入ってきたのは、女性の教員だった。「どうぞ……」と、やや小さな声で迎え入れた。亡くなった生徒の担任だと自己紹介し、もう一人のカウンセラーが他の生徒で一杯なので、ここに来たと述べた。それから、私のプロフィールに僧侶とも書かれていたので興味をもった、ぜひともアドバイスが聞きたい、とのことだった。

だいぶ憔悴《しょうすい》した表情を浮かべている。きっと普段は、もっと明るく快活で、人当たりのよい先生なのだろう。そんな雰囲気がにじんでいた。けれども今は、自分の身近で起きた出来事をどう考えたらよいのか、混乱し戸惑いを隠せない様子でいる。

「ひとまず座って話しましょうか」

彼女の困惑のようなものが伝わってきて、私も落ち着かなくなった。早口に報告するような口調で、昨日の夜に、その生徒の自宅にお悔やみに参り、変わり果てた姿と対面してきたこと、今日の夕方のお通夜にも参列する予定であることを語った。

意識してゆっくりと頷《うなず》いてみた。彼女も少しずつ口調が柔らかくなっていった。

けっして目立つタイプではなかったが、まじめで穏やかな性格の子だった。たぶん部活のことで悩んでいたのではないかと思うが、はっきりとはわからない。生活ノートにも兆候が感じられなかった。ただ、思い出してみれば、最近は元気がなかったように見えた。

気づいてあげられなかったことが本当に悔しい、と涙目で訴えるように話していく。

しばらく亡くなった生徒のエピソードが続いたが、そのうち、今朝の出来事、校長の放送のあとのホームルームでのクラスの生徒たちとの会話のやりとりについて、話が及んだ。

「ご相談というのは、じつはこのことなのですが……」

彼女は、少し前のめりの姿勢になり、神妙な面持ちでこちらを見た。

「放送のあと、生徒たちに事情を説明しました。ここは泣いてはいけないなと思って、なるべく冷静に話したつもりなのですが、やはり感情は抑えられなくて……、泣きはじめる生徒も出てきたりして……。だんだん私の気持ちも苦しくなってきて、クラスの子たちに、みんな絶対に死なないでね、こんなことしちゃダメだよ。苦しいことや辛いことがあったら、先生に話してほしいし、友だちや家族の人に相談して。死ぬ必要なんて絶対ないからね。私はもう誰も死んでほしくない。自分のいのちを粗末にしないで。自分をもっと大事にしてね。先生のお願いだからって、そう言ってしまったんです」

そのときの情景が強く伝わってくるようだった。「そう言ってしまった」という最後の語尾が少し気になった。ひと呼吸おいてから、さらに続けて彼女は話した。

「教室がいったんシーンとなって、これでひとまず朝のホームルームは終わりにしようと思った矢先、一人の男子が言ったんです。「先生、あいつが死んだことって、悪いことなのか？」って。ちょっと一瞬、彼が何を言いたいのかわからなかったんですが、あっ、と思ったんですね。いのちを大切に、辛いことがあっても死んじゃダメだって、クラスの生徒たちに切々と訴えていたんですけど、それって要するに、亡くなったあの子のことを全面的に否定していることになるんだなって……」

盲点をつかれたような話である。自殺は悪いことなのか。あまりにストレートな問いかけだった。この先生が言葉に詰まってしまうのも無理はない。

「私は、すぐには言葉が出なかったのですが、その代わりに、ちょっと涙が出てしまいました。「悪いことじゃないよ、別に悪いことをしたわけじゃないからね……」って、それが精一杯の答えでした。何の答えにもなっていませんが……。明日のお葬式には、クラスの子たちもみんな、お参りをする予定です。ショックはまだやみそうにありません。明日はさらにきつくなりそう。生徒たちが、あの子の死、みずから死を選んだあの子をどのように受け止めるのがよいのか、どんな風に生徒たちに言ってあげたらよいのか、そのことをずっと考えてしまって。先生、どうしたらよいでしょうか？」

少しの間、沈黙が漂った。

「そう……、ですね……」

何とも答えようがない。しかし、とても重大なことが問われているのは確かだ。

亡くなったその生徒のことは、よく知らない。ただ、このクラスの生徒たちにとっては、その生徒は本当に仲間だったのだろうと思う。そうでなければ、こんな問いは出てこない。クラスの生徒たちは、自分のことのようにその生徒の死を感じ取っている。

「二人称の死」という言葉がよく使われる。親しい人、大切な人の死のことである。けれども、このクラスの生徒たちにとって、その死は、二人称なのだろうか。あなたの死でも、彼・彼女の死でも、私の死でもないのではないか。何人称かなどという区切りに振り回される必要がないほど、このクラスには一体感があるのだ。そして、そうしたクラスの仲間関係を築いてきたこの担任の女性には、心から敬服したいものである。

そんなことをまずは伝えようか、と考えたときだった。

「先生はお坊さんでもあるんですよね。仏教では自殺をどう考えるものですか?」

ありがたい質問だった。仏教では、という前に、私自身が自殺をどう考えているのかを、意識させられた問いでもあった。私は、自分がなぜこの学校の緊急支援の場に導かれたのか、その意味を突きつけられたような思いがした。

仏教は、自殺を肯定も否定もしない。自殺という死に方を特別なものと考えることもない。これが端的な答えであると思う。

自殺というと、殺すという文字が入るので、殺人を連想させる。だから、自死という言葉を用いたほうがよい、という考え方も広がっている。

こうした言葉の置き換えはどこまで有効なのだろうか。遺族の心理的な負担に配慮するという意味では、確かにいいのかもしれない。ただ、当事者からすれば、自死というニュアンスよりも、自殺という表現のほうが近いようにも感じられる。

人は、みずからの意志に従って積極的に死を選択する場合もあれば、やむにやまれぬ事情から死を選ばざるを得ない状況になる場合もある。たいていは、後者の場合を指して、自殺という表現をとっているように見える。しかし、実際には区別がつかないことのほうが多いのではなかろうか。

私自身、ある時期、自殺という衝動にとり憑《つ》かれていたことがある。死にたいというより、死のほうから誘われているような感覚だった。本当は死にたくないし、できれば生きたい。けれど、自分でもどうすることもできない、内から襲ってくる何とも言いようのない不安から逃れるには、死ぬのが一番楽なのではないか。こんな不安を抱えながら、これからの気の遠くなるような人生を送るのは耐えられない。そんな状態だった。

夏目漱石が『行人』の中で登場人物に語らせたフレーズが、たびたび頭の中をぐるぐるめぐっていた。


「死ぬか、気が違うか、それでなければ宗教に入るか。僕の前途にはこの三つのものしかない」


どちらかというと、私は気が狂いそうな感覚と懸命に闘っていたのかもしれない。

一方で、私には、「与えられたいのち」という宗教的な観念もあった。自分のいのちではない、生かされていることに感謝しなければならないはずなのに、みずからいのちを絶つなんて身勝手な考え方だ。そんな思いもまた、葛藤の種だった。

カウンセリングに興味をもったのは、そんな時期である。

私は、ある人の紹介で、真宗カウンセリングを提唱し、実践されていた西光義敞《ぎしょう》先生の主催する勉強会に、導かれるように参加することがあった。

西光先生は、浄土真宗の僧侶であったが、カール・ロジャーズの来談者中心のカウンセリングの考え方に学び、真宗の教えにカウンセリングを通して新たな息吹を与えられた方で、言うなれば、仏教からケアについて考え、実践されたパイオニアである。

今思うと、私は、西光先生からかなりの影響を受けている。お会いしたのはごく短い期間であったが、自分の思索の原点の一つになっていると言える。

さて、それは、ちょうど休憩でお茶を飲んでいたときだった。たまたま私は西光先生の隣に座る機会があった。静かな佇《たたず》まいのある方だった。

私は思い切って質問をしてみた。

「自殺について、先生はどう思われますか?」

何の前置きもなく、不躾《ぶしつけ》に問いをぶつけてしまった。にもかかわらず、先生はあっさりと次のように答えてくださった。

「自殺をすることもあるでしょうね。『さるべき業縁《ごうえん》のもよおせば、いかなるふるまいもすべし』でしょう。縁があれば、自殺だってしてしまいます」

「自殺をしようとする人がいれば、先生は止められますか?」

「それは……、まあ、止めるでしょうね。死んでほしくない、というのは人間の情念です。しかし、それでやめてくれるかどうかは、わからんです。こちらが止めるのも縁ですし、それで思い留まってくれればそれも縁ですな」

「自殺はやはりするべきではない。良いことではないですよね？」

「良いか悪いか、それもわからんですな。それは人間のはからいで決めることじゃないと思いますね。ただ、悲しいという思いは、どうしても起こってしまいますがね。自殺で死んでも、病気や事故で死んでも、別れるときは、悲しいものですな」

先生の自身の内面と対話するような語り口がとても印象に残っている。何度か読んでいた『歎異抄《たんにしょう》』の言葉が、実感をもって迫ってきたような気がした。


「さるべき業縁のもよおせば、いかなるふるまいもすべし」


業縁とは、生まれる以前から背負っている宿業《しゅくごう》が、因縁《いんねん》に導かれて発現することをいう。人間の行動の背後には、はかり知れない業の力が深く宿っている。

なんで自殺なんてしてしまったのか。遺された者たちは、その行為をなんとか意味づけようと躍起《やっき》になる。情念の世界からすれば、そこからまた、葛藤や罪責感や悔恨や争いなどのさまざまな種が芽吹いてくることにもなるだろう。

だが、宿業というのは、そうした人間の思いを無残にも切り捨てるのである。何とも言いようのない衝動が、どこからともなく湧き出てきて、心の内を席巻《せっけん》し、死の行動へと誘われていく。宿業とはそのようなものだ。宿業の前では、理性も感情も自由意志もちっぽけなものでしかないことを思い知る。ましてや、そこに良いとか悪いとかの裁量が入る余地などないのである。

ならば、遺された者たちは、一体どうしたらよいのだろうか。

できることは、すでに用意されているようにも感じられる。それは、悲しいという思いに、静かに向き合い、受け止めることなのではないだろうか。

結局のところ、私は自殺をすることなく、これまでの日々を生きてきた。しかし、だからと言って、自分の一生を自殺という死に方をせずに終える、と言い切ることなどできはしない。それは誰でもがそうであろう。

仏教は、自殺を肯定も否定もしない。自殺という死に方を特別なものと考えることもない。自殺もまた、業縁である。

だから、

「その生徒の死を、あってはならない死としてではなく、一人の仲間の死として受け止めることが大事なのかもしれませんね」

クラス担任の質問に、ためらいがちに私はこのように答えた。

「やっぱり、クラスの生徒たちには、死んでほしくない、死んじゃダメだなんて、あえて言わなくてもよかったんでしょうか？」

「いや、それは……、そういう思いが起きてきたというのは、先生の正直な気持ちなのだから、伝えてもよかったんじゃないかと思います。きっと、クラスの子どもたちにも、感じたこと、考えたこと、あふれるような思いが一杯あるんじゃないでしょうか。もし明日のお葬式に参列したあとにでも、時間が取れるのであれば、みんなで亡くなった生徒のことについて自由に語り合えるような場を設定してみてはどうでしょう。いろんな思いを共有することができるかもしれません」

思いがけず、こんな提案をしている自分がいた。それはきっと、亡くなった生徒の願いでもあるのではないかと思われた。

「そうですね。ありがとうございます。学年主任と相談して、そういう時間をぜひ作ってみたいと思います。それって、要するに、あの子への供養《くよう》ってことですよね」

「くよう？　そうか、そうですね、確かにそれは供養だと思います」

供養という言葉をこういう形で用いることが、とても新鮮に感じられた。

死者を悼《いた》み、その悲しみや辛さを共有すること、思いを語り合うこと。それは確かに、死者への供養と言っていいだろう。

死者を供養することの本来の意味は、心からの供物を捧げることであり、死者に敬意をもって触れることである。そして、もっと重要なことは、供養とは、遺された者たちからの一方的な思いではない、ということである。

そこでは、死者が傍らにいて、ともに悲しんでくれているのだ。

だから、死者を供養するというのは、死者から供養されていることなのである。

五限目の始まりのチャイムが鳴り響いた。

「そろそろ授業に戻ります。お話できてとてもよかったです。亡くなったあの子との向き合い方を教えていただいたように思います。どうもありがとうございました」

担任の女性は、一礼をして、顔を上げた。

憔悴していたはずの表情は、心なしかほころんでいるように見えた。

第4章

世界は輝きに満ちている

朝、目が覚めると、いつもと変わらない馴染みの部屋の様子が広がっている。布団のぬくもりを感じつつ、ぼーっとした頭の中で、うっすらと覚えている夢の余韻に浸りながら、ゆっくりと起きあがる。窓ぎわまで行き、カーテンを開けると、陽の光が差し込んできて、いつもと変わらない外の景色が目に入ってくる。

そんな何の変哲もないありふれたひとときを、「奇蹟の出来事だ！」などと言えば、大げさだと笑われるだろうか。

いつの頃からか、私たちは、この世界や自分が存在し、時が過ぎゆくことを、ごく当たり前のこととして感じるようになってしまった。

しかし、本当にそうなのだろうか。朝、目覚めることも、馴染みのある部屋の様子や窓からの景色も、思いをめぐらすことも、皮膚の感覚も……、それらはみな当たり前のことなのだろうか。

小さい頃は　神さまがいて
不思議に夢を　かなえてくれた
やさしい気持で　目覚めた朝は
おとなになっても　奇蹟はおこるよ

カーテンを開いて　静かな木洩れ陽の
やさしさに包まれたなら　きっと
目にうつる全てのことは　メッセージ

ユーミンの「やさしさに包まれたなら」の歌詞は、私たちの何気ない日常が、本当は奇蹟に満ちあふれていることを、やさしい調べにのせて教えてくれる。

この世に生まれてきたばかりのときは、目に見えるものも、触るものも、泣くことも、笑うことも、何もかもが新鮮な輝きに満ちていた。この世の存在、この世の出来事は、すべてが当たり前ではなく、奇蹟だった。それは、神さまが不思議に夢をみせていたのだろうか。

大人になるにしたがって、そのような輝きは色褪《あ》せてしまい、どこにでも転がっているただの存在、ただの出来事に変わってしまった。

けれども、ユーミンは歌う。やさしい気持ちで目覚めたとき、やさしさに包まれたときには、奇蹟はふたたび起こる。目にうつるすべてのことが、メッセージであり、私に呼びかけていることに気づくのだ、と。

この世界は輝きに満ちあふれ、いつも私たちに呼びかけている。そうした奇蹟の瞬間に気づき、驚愕することを、「臨生《りんせい》体験」という。

どこかで聞いたことのある言葉だな、と思われたかもしれない。死ぬ間際に体験する不可思議な出来事は、「臨死体験」である。そう、この言葉によく似ているのだ。

「臨死」とは、この世からあの世を垣間見ること。「臨生」はその裏返し。あの世からこの世を見るのである。

臨生の本質を探り当てた哲学者は、この言葉に次のような表現を与えている。

「死者のまなざしをもって、この世、この生を見つめなおす」

ふと立ち止まってしまうフレーズである。死者のまなざしとは、どういうことか。あの世へいったん往き、死者となってこの世にふたたび帰ってくる。そのとき眼前に現れてくる光景こそ臨生の原風景であるという。

だから、「死者のまなざし」。死者としてこの世を生ききるとき、その奇蹟はやってくるというのだ。

「あの頃は、生きているという実感がまったくありませんでした。生きながら死んでいたのだと思います」

息子を交通事故で喪《うしな》った母親は、このように当時の心境をふり返った。

それは二年ほど前の冬のことだった。

雪道を走るトラックがスリップして歩道につっこみ、下校中の中学生が一人、巻き込まれて亡くなった。突然に降りかかった不幸であった。

仕事の途中で連絡をもらい、急いで搬送先の病院に駆けつけたが、時すでに遅し。ベッドに横たわる変わり果てた息子の姿が眼に入ったとたん、頭が真っ白になった。それから先は記憶がはっきりしない。夫の話では、声にもならないような声で何かを叫びながら、泣き崩れていたらしい。

葬儀が終わってからは、何だかもう毎日が、息子を思い出しては泣き濡れる日々だった。気づいたら勝手に涙が流れていて、何も手につかなくなっている。

息子が亡くなった日から、まるで時が止まったかのようだった。

くる日もくる日も、無味乾燥で抑揚のない時間が刻まれていく。けれど、自分はその時間の中にはいない。息子との時の中を行ったり来たりしている。世界からおいてきぼりをくらっているような感覚の中をさまよっている。

少し経って、仕事にも復帰してみたが、会社のいつもの風景が違和感のかたまりとなって突き刺してきた。なぜこの世界は、何事もなかったかのように、普通に、平然と、淡々と流れているのだろうか。

パソコンの画面を見ていても、同僚と話していても、何か作業をしていても、自分がそこにいるような感覚がしない。目の前を映像が駆け抜けていくだけ。人から注意されて、ようやく放心していた自分に気づかされる。

心の中では、何とも言えないドロッとした何かが、目まぐるしく回っている。もう外には出たくない。胸が締めつけられるような苦しさに耐えられなくなって、しばらく仕事を休むことにした。

心療内科を受診し、薬を処方されたものの、何かが変わるわけでもなかった。とにかく誰にも会いたくない。仏壇の前に置かれた息子の写真の前で、ずうっと座っていたかった。ロウソクの灯が消えると、何もかもがどこかに吸い込まれていくような気がして怖くなり、灯を絶やさないように、幾度となくロウソクを交換した。

四十九日を過ぎて数日が経った頃、息子の担任が家に訪ねてきてくれて、もしよければ学校でカウンセリングを受けてみないかと勧められた。

下の娘も同じ中学に通っている。息子が亡くなってから、娘がスクールカウンセラーと会っているらしいという話は聞いていた。カウンセリングという響きが、何とも遠い異国の言葉に聞こえて馴染めなかったし、会ってどうなるわけでもないだろうと思ったが、息子とつながっていたいという気持ちから、なんとなく承諾することにした。

その中年の女性が相談室に入ってくると、とたんに空気が重くなっていくのを感じた。硬直した表情のまま、彼女はソファに腰かけた。黒っぽい服を着ていて、見るからにどんよりとしていることがわかる。

「よく来てくださいましたね」と言うと、伏目がちに、「娘がお世話になっているそうで……」と、軽く頭を下げた。

こちらから、娘さんに会ったときの様子などを少し話してみたが、あまり会話に乗り気ではない様子である。やがて沈黙になった。相談室の空気がさらに張りつめていく。

緊張に少し耐えられなくなってきた。

「もう、四十九日は終わったんですよね？」

「……え？　ええ、はい……」

「どう言ってよいのか……、お気持ちをお察しいたします。きっと、とても混乱されていることだろうと思います」

「はい？」

彼女は少し顔をあげ、こちらをにらみつけるような視線を送った。

ぐっとため込みながら、やがて重い口を開いた。

「あの子は本当に死んだのか……、いや、死んではいないんです」

「実感が湧かないような……、そんな感じですか？」

「死ぬってどういうことなんでしょう？　私の中ではあの子はずっと生きています。あの日から、私は息子といつでも一緒なんです」

「思い出がよみがえってくるような……」

「いや、思い出とかではなくて、……何て言うか、私は息子と同じ世界にいるんです」

彼女の言いたいことがわからず、戸惑ってしまった。

ため息をつきながら、ゆっくりと自身に言い聞かせるように、彼女は話した。

「この世界にはもういないってわかっていますよ。でも、それは、ただ形だけの話。あの子は、まったく別の世界に行ったんだと思います。できれば抱きしめてやりたいけど、それはかなわない。そのことは無性にさびしい気持ちです。だけど、あの子は生きているんです。それに、私ももう、その世界にいるのかなって、思っています」

言い終えてから、少しだけ穏やかな表情になった。

「この人は息子とともに死の世界にいたいんだな」と、直感的に感じ取った。

それからあとは、彼女の話がすんなり入ってきた。

時計の時間で、四〇分ほど経った頃であった。彼女は、頭が痛くなってきたと言い出し、もう帰ってもよいかと聞いてきた。時間を取りすぎたことを反省した。

彼女は立ち上がるとき、「こうやって話すのが、きっと私には必要なのかもしれません。カウンセリングってこんな感じなんですね」と言った。「よかったらまた来ませんか?」と言うと、「ええ、そうします」と、ぺこりと頭を下げて相談室を後にした。

それからすぐあと、卒業式のシーズンになった。息子は写真だけの参加。けれど、卒業証書が手渡された。出席した母親は、涙を一切見せなかったが、会場から出るときに、見送る職員の前で、深々と丁寧すぎるほどに頭を下げていた。

母親は帰りがけに、もう一度、相談室に立ち寄った。

「この世界の時間では、中学を卒業です。でも、あの子はずっと中学生のままなのでしょう。いいえ、そうではないですね。本当はもう年齢とかそういうことは関係ないように思います。あの子はあの子の世界にいるのですから」

彼女の中で、この世での時間とあの世の時とがクロスしているようであった。

年度が改まってから、母親は自分からカウンセリングを希望した。断続的であったが、ときおり思い出したかのように予約を入れ、相談室に現れた。

あるとき、彼女はこんな体験を話してくれた。

「ちょうど食事の片づけをしているときでした。食器を洗っていると、台所の窓のところに誰かの手が見えて、窓を開けようとしていることに気づいたんです。そして、ガタガタガタと、窓がはげしく揺れました。私は最初、何が起こったのかわからず、戦慄が走りました。でも、すぐに、はっと思って、ああ、そっかぁ……って納得しました。その手が、死んだはずの息子のものだとはっきりわかったんです。

冷静に考え直してみれば、近所にいる子どものいたずらだったのかもしれません。けれど、そんなことはどうだっていいんです。私は、あの子が迎えにきてくれたんだなと思って、なんだかうれしくなったんですから」

彼女はあの世からの手招きにますます魅了されている。そんな印象を感じさせるエピソードだった。「あの子が迎えにきた」という言葉に、死への願望がありありとうかがえて、危うさを感じるほどだった。

秋が過ぎ、また冬がめぐってきた。亡くなった生徒の一周忌になった。

「これまでは、仏壇のロウソクの灯を絶やさないようにって、バカみたいに頑張っていたんです。でも、このあいだ一周忌が終わってみて、もうその必要はないなあって、思えるようになりました」

この母親にとって、ロウソクの灯とは何を表していたのだろうか。

「灯が消えてしまうことが、なんでそんなに嫌だったんでしょうね？」

「なんで、って、う―ん、そうですね、なんとかあの子をこの世につなぎ留めておきたかったのかな。本当はもう向こうの世界にいるのに、おかしな話でしょ。私も、生きているというよりは、死んでいるようなものだから。今はむしろ、明かりに照らされるのが、なんだかしんどい気持ちなんですよね」

仏教では、ロウソクの灯はしばしば仏の智慧にたとえられる。これはきっとお釈迦さまの遺教《ゆいぎょう》である「自《じ》灯明《とうみょう》、法灯明《ほうとうみょう》」の金言に由来するのであろう。煩悩の闇、無明《むみょう》の闇を払い、自己を明るく照らし出して真実へと導くのが、仏の智慧である。

とはいえ、ロウソクの灯であれば、いずれは消えてしまう。仏の智慧とはそのようなはかないものではない。智慧の光は自己の内に灯《とも》ることこそ大事なのだ。ロウソクの灯は、内なる智慧の光の象徴であり、消えるか消えないかは問題ではない。

息子を喪ったその母親には、灯が消えてしまうことが問題だった。そして、いよいよ灯がないほうがよいと思うまでになっていった。彼女の話では、昼間、家に一人でいるときには、カーテンを閉め切って明かりのない薄暗い部屋にいるのが、とても落ち着くのだという。家族が帰ってくると、「何しているの?」と驚かれているらしい。

「今の私には、ロウソクの灯でさえもまぶしすぎるんです」

彼女は、智慧の光からも遠く隔たってしまっていた。

そのあと母親は、ぴたりと相談室に現れることがなくなった。次の年度になり、連絡を入れてみたが、「誰にも会いたくないから」と断られた。

初夏の頃だったろうか、久しぶりに娘のほうが相談室を訪ねてきてくれた。

「お母さんが大丈夫なのか心配」、という相談だった。

何があったのか聞いてみると、母親はどうやら家族ともほとんど話すことがなくなり、寝込んでいる日が多くなっているのだという。家事などは、近くに住む叔母さんが来て手伝ってくれることもある。なんでこんなに元気がなくなってしまったのだろう。食欲もなく、目が死んだ魚みたいな感じになって、これまでで一番ひどい状態。そろそろ亡くなった息子のところに行きたい、とつぶやいたりすることもある。

「このあいだ、なんとか母を外に連れ出して、一緒に散歩したんです。公園の道を歩いているときだったんですけど、わりと大きなアゲハ蝶が一匹、私たちの近くまできて、しばらく周りをひらひらと舞って、それから上のほうに飛んでいきました。

そしたら、お母さんがちょっと明るい顔になって、「あの蝶はお兄ちゃんよね。あの子、生まれ変わって蝶になったんだわ」って言ったんです。

でも不思議と、私もそんな風に思えたんですよね。もしかしたら、お兄ちゃん、お母さんのことが心配になって会いにきたのかなって」


どことなく耳にのこるエピソードだった。蝶は、魂の象徴とされ、しばしば生まれ変わりのモチーフと結びつけられる生き物である。蝶を霊的な存在とみなす神話や伝説は、世界のさまざまな地域に伝わっている。

とりわけギリシャでは、蝶と魂とが密接に結びついている。古代ギリシャ語で、魂や精神を表すのは、「プシュケー（psyche）」である。心理学（psychology）の元にもなっている言葉であるが、面白いことに、プシュケーは「蝶」を意味する言葉でもあるのだ。ちなみにギリシャ神話では、プシュケーは、愛の神エロースに見初められた人間の娘として登場し、エロースと結ばれてからは女神となる。女神プシュケーの背中には、蝶の翅《はね》が生えている。

また、ギリシャ哲学では、プシュケーは不滅であると信じられていた。ソクラテスが毒杯をあおるときに、肉体の消滅に対して魂の不滅を力説していたことは有名な話だ。不死である魂は、生まれ変わりにも通じている。

蝶の一生は死と再生の物語である。地を這う青虫の姿からサナギへ、そして、死んでしまったかのように動かないサナギの姿から、ついには美しい蝶の姿へと変容して、自由に空へ舞い飛んでゆく。その見事なまでの変貌ぶりに、形を変えたとしてもけっして滅びることのない「魂」の観念が投影されるのは、何ら不自然なことではないだろう。

しかし、それだけではない。人は、死の世界に深く踏み込んでいくと、なぜだか蝶を見ることがあるようだ。

死の臨床家として名高いエリザベス・キュブラー＝ロス。彼女はよく、死ぬとはどういうことなのかを、蝶のメタモルフォーゼにたとえていた。

サナギは肉体。その肉体の殻を脱ぎ捨て、蝶となって飛翔するのは魂である。だから、死ぬことを忌み嫌う必要はない。むしろ、肉体のしがらみから魂が完全に自由に解き放たれることこそ、死なのだ。

このインスピレーションを得たきっかけは、エリザベスが二〇歳の頃に体験した衝撃的な出来事であったという。それは、第二次世界大戦のあとの荒廃したポーランドに国際平和義勇軍のボランティアとして赴いた際、ユダヤ人大量虐殺の傷跡が生々しいマイダネック収容所を訪れたときのことだった。

貨車から降りると、身ぶるいが起こった。いのちとはこれほどまでに残酷になれるものなのか？

まだ空中に漂うガス室の死臭、あのたとえようのない臭いが答えだった。

でも、なぜ？

どうやってそんなことが？

想像もつかなかった。不信感で胸をつまらせながら、収容所を歩きまわった。

……

「確実におとずれる死をまえに、人はどのようにして、とくに母親と子どもたちはどんな心境で、最後の日々を生きていたのだろうか？」建物の内部には五段になった木製の狭い寝棚がぎっしりと並んでいた。壁には名前やイニシャル、いろいろな絵が彫りつけられていた。……近づいて子細にながめた。あちこちに同じイメージがくり返し描かれていることに気づいた。

蝶だった。

みると、いたるところに蝶が描かれていた。稚拙な絵もあった。細密に描かれたものもあった。マイダネック、ブーヘンヴァルト、ダッハウのようなおぞましい場所と蝶のイメージがそぐわないように思われた。しかし、建物は蝶だらけだった。別の建物に入った。やはり蝶がいた。「なぜなの？」わたしはつぶやいた。「なぜ蝶なの？」

なにか特別な意味があることはたしかだった。なんだろう？　それから二五年間、わたしはその問いを問いつづけ、答えがみいだせない自分を憎んだものだった。

四半世紀が経ち、世界中を駆けめぐる死の臨床家となったキュブラー＝ロスは、死後の世界の問題に向き合わざるを得なくなる。このとき、収容所で見た蝶の絵が、囚人たちが後世に残したかった死後のメッセージであったことを、にわかに直感するのだ。

収容所の囚人たちは、自分が死んだあとに蝶になることがわかっていた。だからこそ、蝶の絵を描いたのだ、と。

ところが、ここにまことに興味をそそられる日本人のルポルタージュがある。題名は、フランス語で蝶をあらわす『パピヨン』。

作家の田口ランディは、キュブラー＝ロスが見たという蝶の絵を追って、マイダネック収容所の跡地にある博物館に向かった。しかしながら、奇妙なことに、ここに遺された建物のどこを探しても蝶の絵などなかったというのだ。

さまざまな可能性を憶測してみるものの、やはりよくわからない。「たしかに蝶を見たのよ！」そう、キュブラー＝ロスが怒っているような気がした。ひょっとして、彼女の思いちがいなのか、それとも幻覚でも見たのだろうか。

『パピヨン』は、蝶を探す旅であると同時に、自身の父の死の看取りのいきさつを紡いだものでもあった。どこかでつながり合っているような二つの物語の結末に、キュブラー＝

ロスの言葉がこだまする。

「あなたもやっと、看取ることができたわね。じゃあ秘密を教えてあげる」

その秘密とは、エリザベスの霊的な能力のことだった。それは夢を見る能力と言ってもいい。エリザベスは自分のことを「シャーマンの素養をもつ女」とよく言っていた。シャーマンは常にシンボリックな言語で会話し、世界をシンボリックに理解する。

マイダネック収容所に踏み入ったエリザベスは、通常の意識レベルではなく、もっと深い死の世界のレベルと呼べるような霊的な意識の中で、無念のうちに亡くなっていったユダヤ人たちの思念を感じとったのであろう。それは夢を見ている状態に近いのかもしれない。エリザベスは、私たちが見ている夢よりもずっと深い夢、すでに亡くなった囚人たちの夢に同調した。つまりは、死者と同じ夢を見ていたのである。

それが、蝶であった。

蝶は、魂のシンボルであり、死者のシンボルでもある。

死の世界に深く踏み入った者は、シンボリックな蝶に出会う。それは死者とともに生きることの証《あか》しであり、死者になることであるとも言えるだろう。

キュブラー＝ロスは、あの世へと魂が旅立つ姿として蝶をイメージしていた。けれども、蝶が魂のシンボルであるならば、あの世に行くだけでは済まないはず。一度、死の世界を知ってしまった者は、そのまなざしのままに、ふたたびこの世、この生へと帰ってくる。なぜかはわからない。だが、死に往くことは、生の輝きへと反転する原動力なのだ。

魂の女神プシュケーは、愛の神エロースと結ばれることで、歓喜（ウォルプタース）という名の子どもを産む。エロースは、生の象徴でもある。

もうどれくらい、長い回廊の中をぐるぐると歩き続けているのだろう。心は乾ききり、すでに涸れ果てていた。死者のような心地のままにさまよっている自分。こういうのを絶望というのだろうか。もうそんなことすら、考えるのを止めてしまった。

いつ果てるとも知れない、出口の見えない回廊。けれども、そこから抜け出るときが、思いがけずやってきたのである。

それは、秋も半ばになった頃だろうか。

お昼をすぎてから、ようやく重たい身体を動かし、洗濯物でも干そうかとベランダに出ようと思った。レースのカーテン越しにやさしい陽ざしが差し込んでいる。カーテンを開いて、窓からベランダに出ると、ふわあっと外の景色が目に飛びこんできた。

そのときだった。

イチョウの葉の茂る街路樹が、道を行き交う人々や車が、青空に浮かぶ雲のささやかな動きが、遠くに見える山々が……、まなざしに映る何もかもが、やさしい光に照らされながらはっきりと輝いている。

ああ、この世は生にあふれている！

さっきまでの暗がりが嘘のようだった。いつも見慣れている風景がなぜこんなにも輝いているのか、いや、もともとこんなにも世界は美しかったのだ。そこに流れる匂いも、色彩も、音も、風のささやきも、すべてが自分に向かって呼びかけている。いや、これまでもずっと呼びかけてくれていたのだ。

圧倒的なリアリティをもって、世界は私を包んでくれている。

ここに自分がいる。私は生きているんだ！

驚きと感動で、涙がとめどなく流れ出てきた。私は今、無条件の喜びに包まれている。心がすっと軽くなった。

「まるでこの世に舞い戻ってきた感覚。どうしてそんな感覚になれたのかは、よくわかりません。きっとあの子に導いてもらったんだと思います。目隠しを外されて、ほら、見てごらん、って言われて、目に映った世界、そんな感じでした」

どうしても話したいことがあるからと、彼女は相談室を訪ねてきた。しばらく会っていなかったのにとても親しく交わっている、そのことに何の違和感もなかった。

「もしかしたら、私はあの子の面影ばかりをずっと探していたのかもしれません。あの子のいる世界に私も行きたい、そこに行けばあの子と一緒になれる、そんな思いにとり憑《つ》かれていました。でも、違った。気づいてみれば、あの子は私の中に納まってくれていたんだなって、わかったんです。もう大丈夫です。ちゃんと息子は、私のもとに帰ってきてくれました。だからもう、あの子を探す必要なんてありません。いつでも一緒なんだって、感じられるんですから」

とてもうれしそうに話をした。こんなに明るい人だったのか、そう思えるほど、彼女の気持ちは晴れやかになっていた。

「久しぶりに、仏壇にロウソクを灯して、手を合わせました。すると、息子が「ありがとう」って言ってくれたんです。私も「こちらこそ、ありがとう」って、返しました。亡くなった人が見守ってくれている。本当にそうなんだなって今は思います」

臨生体験。それは「生に臨む」ということ。もっと言えば、生きることがありがたいと感じられる、いのちの体験である。

この女性がそのことをすべて語ってくれていた。

ラジオを聴きながら最後の一文を書いていたのだが、不思議なことに、ちょうどユーミンの「やさしさに包まれたなら」のオルゴールが流れてきた。

第5章 不登校と幽霊

カウンセラーの仕事をしていると、幽霊が見えると言う人によく会う。幽霊なんているわけがない、と一笑して済まさないでほしい。見える人には、それは確実にいるのだし、見えない人からすれば、何かの錯覚か、幻覚でも見たのだろう、ということになる。いるか、いないかという話になってくると、もう平行線である。だから、カウンセリングの場面では、幽霊がいるか、いないかを線引きするようなことはあまりしない。幽霊が見えると言うのであれば、それはそれで心の現実としてひとまず受け止めるようにしている。

もちろん、こうした現象を精神疾患と捉えることも、場合によっては必要である。治療の対象になることも慎重に考慮にいれなければならない。ただし、幽霊が見えるからといって、すぐに心の病気だとレッテルを貼るのは控えるべきだと思う。実際のところ、現実認識はいたって正常なのに見える、という人も少なくない。

人というのは、わからないことをわからないままにしておくと、どうも不安になる傾向がある。そのため、理性にかなうように物事をはからって納得のいく答えが見つかると、なんだか安心するのである。とはいえ、いくら検証してみたところで、わからないことはやっぱりある。幽霊というのも、そういうことの一つだろう。

むしろ、わからないことには、なるべく謙虚な姿勢で向き合ったほうがよい、というのが私の考えである。しかも、そういう姿勢で相手に接すると、不思議とカウンセリングの展開がまとまっていくというか、よい方向に進んでいくことがある。

面白いことに、そういう場合には、現れた幽霊でさえも、結果的に、その人を支える役割を担っているのである。


さて、この章では不登校の子どもを抱える母親の話から始めたいと思う。

スクールカウンセラーの仕事は、不登校の相談が一番多い。といっても、当事者である生徒は、ときおり放課後などに登校することもあるが、たいていは自宅で引きこもりの状態である。だから、相談に来るのはほとんどが保護者、それも母親である。面談では、これまでの経緯や様子を聞くことで、今はまだ刺激を与えないで見守る時期だとか、月に数回は登校するように促したほうがよいなどと、当面の方策を一緒に考えるのである。

そんなわけで、その母親も不登校の相談のためにカウンセリングに訪れたのだった。

息子は中学一年生。小学生の頃、運動会の練習のときに、担任からこっぴどく怒られたことがあった。それがきっかけで、学校に行けなくなってしまった。それ以来、家から出るのは、ゲームソフトかマンガを買うときくらい。あとは自分の部屋にこもりっきりの生活。

次の年にクラス替えがあり、担任も変わったが、とくに変化はなかった。新しい担任が家庭訪問に来ても会いたがらない。自分の部屋から出ようとしない。一度、父親がかなり強引に部屋から連れ出し、学校に行くように怒ったら、幼児みたいに泣きだしてしまった。それからは、父親とも一切口をきこうとしない。

「なるべく学校のことには触れず、長い目でそっと見守っていきましょう」

小学校の訪問カウンセラーからそんな風に言われ、先の見えない状況にあせってしまう気持ちを極力抑えてきた。

とにかく余計なことは何も言わず何もせず、本人のやりたいようにさせる。そうやって接してきた。けれども、かえって昼夜逆転の生活になっていくし、ほとんど会話もしなくなっていった。そもそも息子が何を考えているのか、さっぱりわからない。

中学に入学してからも、事態はいっこうに変わらない。もう半ばあきらめた気持ちの中で、ひとまず中学校のカウンセラーに会ってみるだけでも、と来談してきたという。

典型的な不登校のケースだった。

母親は自信がないのか、話しぶりがやけにたどたどしく、誰かにすがりたいという思いが強く伝わってきた。長いつきあいになるかも、と少し思った。

話をしてすっきりしたらしく、少し落ち着いた様子になった。そこで、一息ついたあと、思い出したようにこんな話をした。

「あの……、ここに来ようって決めた日だったんですけど、夜中に急に目が覚めて、変な感じがするなあって思ったら、ちょうど私の足元のあたりに、お坊さんみたいな人が立っているのが見えたんです」

唐突だったので、「うん?」と一瞬思ったが、幽霊の話だな、とすぐにピンときた。こちらの反応を試しているようにも感じられた。

「そういう幽霊みたいなものって、よく見えるんですか?」

「はい、私、子どもの頃から霊感がけっこう強いんです」

彼女にとっては、幽霊がいるのは当たり前といった様子だった。

「そのお坊さんみたいな人は、どんな感じでした？　怖い感じがしましたか？」

「怖い感じはなかったですね。そんなに悪い感じじゃないんです。悪い霊の場合は、もっとゾワゾワッとするというか、なんか嫌だなって感じるので。幽霊というより、守護霊みたいな感じがしました」

守護霊とか、地縛霊や浮遊霊など、幽霊にもいろいろな種類があるらしい。そういった用語を使うのも幽霊が見える人の特徴である。この話にどこまで乗ってよいのか戸惑ったが、初めて出会うこの女性とこれからカウンセリングを続けていくうえで、ラポールを築くのは大事なことである。

「関係ないかもしれませんが、実家がお寺なもので、僕も一応、お坊さんなんですよ」

「ええっ!?　そうなんですか！」

彼女は驚いた声をあげたかと思うと、とってもうれしそうな顔をした。

「ここに来るとき、なにかあるなって思ったんですよね。そうかあ……、そういうことなんだ……。あっ、あの、これからどうぞよろしくお願いしますね」

何を納得したのかはわからないが、その母親は、次の予約を入れ、穏やかな気持ちのまま相談室を後にした。

最初の面談で彼女の期待がかなり高まったのか、次の面談では、息子が普通に登校している夢を見た、という話から始まった。

「正夢になるといいなと思いますが、本当に登校できるようになるのでしょうか？」

家での様子を聞いてみたが、とくに変化があるわけでもなかった。

「でも、そういう夢を見たということは、お母さんの気持ちが前向きになっている証拠ですから、これからきっと動きが出てくると思いますよ」

「……あの、育った環境といいますか、そういうのって、やっぱり影響するものなんでしょうかね？」

育て方が悪かったというのは、不登校の子どもをもつ母親からわりとよく語られる言葉だ。しかし、彼女の話しぶりには、なにか別の意味合いが込められているようだった。

「どうして、そんな風に思うんですか？」

「もう二年くらい前に亡くなったんですけど、舅《しゅうと》がとっても変わった人だったんです。あの子のおじいさんですね。なんというか、昔気質《むかしかたぎ》で、男尊女卑《だんそんじょひ》っていうんですか。つれあいの方は、私が結婚する前に亡くなられたので、よく知らないんですが、一緒に生活するのは大変だったと思います。とにかく怒りっぽいし、口うるさい人でした。嫁はこうでないといけないとか、嫁のくせになんだ、えらそうだとか。子育てのことでもいちいち難癖をつけてきて、よく叱られました」

「おじいさんは、お孫さんにも口うるさかったんですか?」

「いいえ、それが、あの子には、打って変わって甘かったんです。私は、舅と顔を合わせたくないから、仕事を忙しくして家のことから逃げていたっていうか……。子どもをほったらかしていたわけじゃないけど、あんまり叱ったりせず、当たり障りなく育てたって感じで。だけど、おじいさんは、よくあの子を外へ連れ回していましたね。釣りに行ったり、山登りに連れていったり、オモチャを買ってやったりして……」

「孫にとっては、いいおじいさんですね」

「全然、よくないですよ。甘やかしすぎっていうか、きっと自分が独占したかったんでしょうね。だいたい私が少しでもあの子を叱ったりすれば、すぐに文句を言ってきて……。女は黙って家事だけやっとればいいんだって感じでした」

それから、上のほうを少し見つめたかと思うと、ふたたびこちらに視線を戻して、何気ない口調で彼女は言った。

「先生はお寺のお坊さまでしたよね。……なんていうか、人は亡くなってちゃんと成仏しないと、やっぱり恨んで出てくるというか、祟《たた》られたりするわけですか？」

「えっと、どういうことでしょうか？」

「あんまりいい死に方ではなかったんですよ、舅は。しょっちゅう近所の人とトラブルがあって。それに、退職してからは昼間からお酒を飲んでいることが多かったんです。その日は、近所の人とケンカして機嫌が悪かったのか、家に帰ってきて飲んで泥酔して、それからまた外へ出て行ったらしいんです。それで、ふらふらと道を渡っていたら、車にはねられちゃったみたいで。しかも、ひき逃げで……。周りに誰もいなくて、見つかったときには瀕死の状態のまま病院にかつぎこまれて、そのまま逝っちゃったんです。ひき逃げの犯人は今でも見つかっていないですし、なんだか哀れな死に方だなあって」

彼女は話しているうちに、だんだんと神妙な顔になっていった。

「どういったらいいのかしら。舅が亡くなってすぐなんですよね、子どもが不登校になったのって。これって祟りじゃないかと思うんです。それと、先生はお坊さまなので打ち明けますけど、私、以前から舅の幽霊にずっと悩まされていまして……」

一瞬、聞いているこちらのほうも背中がゾクッとした。

「幽霊が見えるって話は、前にもしましたよね。たとえば、朝食の支度をしているときなんかに、後ろから嫌な視線を感じるんです。おそるおそるふり向くと、舅が台所の入口あたりに立っていて、こっちをじっと睨《にら》んでいるんです。とっても怖い顔をして、ですよ。思い出すと震えてきます。

それから、一番怖かったのは、この春のことですが、夜中に目が覚めたときに、金縛りが来たと思ったら、舅が私の横にいるんです。そして、いきなり私の上に馬乗りになったかと思うと首を絞めてきて……。私はもう汗だくになりながら、狂いそうになりましたよ。動けないし、声も出ない。夫は隣で寝ているのにまったく気がつかない……。あのときは本当に殺されるかと思いました」

「おじいさん、何か訴えたいことでもあるんでしょうかね」

「わかりません。でも、ひょっとすると、私があの子を引きこもりにしてしまったことを怒っているのかも、って考えたりもします」

私には、彼女の心の中にある、息子が不登校になったことへの負い目や罪責感が、舅の幽霊という形をとって現れたのではないか、とも感じられた。

その後も母親は、ひと月に一回くらいのペースで来談した。けれども、息子の状態に変化はなく、月日だけがむなしく過ぎていった。

家庭訪問支援員と関わったり、親の会に参加したりと、その間に母親もできる限りのことはした。ただ、家では、部屋でゲームばかりしている自分の子どもにどう声をかけてよいのかわからず、あいかわらず放任に近い状態だった。

このことを指摘して、「もっと意識して関わるようにしてみては」と促しても、

「わかってはいるんですけどね。どうしても気をつかっちゃうというか……。舅からガミガミ言われたことが、体に沁《し》みついちゃっているんですかね。自信がなくて……」

といった調子だった。

息子は、学年からすると、中学二年生になっていた。母親は、だんだんと義務的に面談の予約を入れるようになってしまい、ときに体調をくずしたとか、仕事が忙しいなどと、キャンセルの日も多くなっていった。流れは滞っていた。

ある日、秋を過ぎた頃だろうか、彼女からこんな相談があった。

「会社の同僚から言われたんですけど、東京からすごい霊能者の方が来るらしいんです。それで、子どものことを霊視してもらったらどうかって勧められているんですけど、どう思いますか。行ったほうがいいでしょうか」

もはや手を尽くした今、とにかく奇蹟でも何でも起こってほしいといった、すがるような思いが彼女を動かしていたのだろう。とはいえ、宗教の勧誘やら霊感商法などが騒がれる昨今である。諸手《もろて》を挙げて、「はい、どうぞ」とは言えない。私は「十分に気をつけて」と注意を促した。しかし、母親の思いまでは止めることはできなかった。

次の面談では、霊能者の話題が中心になった。

「最初からすべてお見通しという感じでした！　まだなんにも話していないのに、私の顔を見たとたんに、「あなた、亡くなった親族の中に、折り合いの悪かった人がいるでしょう」って、言われたんです。すぐに舅のことだとピンときて、そのことを話したら、「その霊が子どもに憑《つ》いているわよ」って。やっぱりなって思いましたよ」

まるで詐欺の手口でも聞いているかのようであったが、とりあえず彼女の語りに耳を傾けることにした。

信者のような人たちが数十人ほど並んでいたので、その霊能者との面会は一五分くらいしかなかったという。その間に、除霊のための簡単なお祓《はら》いの儀式が行われた。そして、舅の霊をきちんと成仏させるためには、すでに神さま（守護霊のことか？）となっている何代も前のご先祖さまのお力を借りるしかないとのことで、「ご先祖さま、ありがとうございます！と、大きな声で毎日二〇回以上唱えなさい。そうすれば、三か月で子どもは学校に行けるようになるから」と言われたそうである。

ひとまずは高額な金品などを要求されることもなく、面会もこの一回だけで済んだようだった。彼女は、霊能者からの助言を信じて、とにかく三か月の間は、ご先祖さまへの感謝の言葉を唱えることを実践してみたい、とのことだった。

考えてみると、日本には、死者が憑依《ひょうい》するとか、怨霊《おんりょう》に祟られるなどといった話が、けっこう古くからある。かつての日本仏教は、こういう「浮かばれない死者」や「恨み苦しむ死者」の救済に深く関わっていた。

死者のことを「ホトケ」と呼びならわす風習が生まれたのは、庶民の生活の中に進んで入っていった民間の僧（私度僧《しどそう》）たちの影響が大きい。彼らは、村落に庵をむすび、そこで浮かばれない死者や不幸な亡くなり方をした死者が出たときには、回向《えこう》供養の慈悲行《じひぎょう》を実践した。外来の仏教が土着化していった背景には、こうした事情があった。

また、平安朝の都では、霊力による国家護持が官立寺院の僧たちに託されていたが、それは要するに、怨霊による祟りを鎮めるという任務だった。皇族や貴族が権力闘争に敗れて無念のうちに亡くなると、怨霊となって都に災害や疫病や戦乱などをもたらすと信じられていた。そこで、仏教僧たちは、真言《しんごん》を唱え、経典を読誦《どくじゅ》し、護摩《ごま》を焚き加持祈禱《かじきとう》を行って、怨霊たちの怒りや恨みを鎮めていったのである。

仏教が日本の風土に根づいていった理由が、恨みや怨念をもち、この世に未練をもって去っていった死者たちへの対処法に長《た》けていたからだったというのは、もっと注目されてもいいだろう。日本仏教は葬式仏教と言われる。これは江戸時代の寺檀制度に直接の要因があるわけだが、死者との強い結びつき自体は、仏教が日本に広まっていく初期の段階において、すでに用意されていたのである。

ところで、この時代の仏教僧たちは、密教の修行を中心に行っており、いわゆるシャーマニズムを体得することが修行の成果であった。だから、彼らのイメージは、多分に霊能者に近いものであったと思う。

ひるがえって、現代のお坊さんたちは、どうだろうか。

これはもちろん宗派によってても異なってくるだろう。ただ、少なくとも浄土真宗のお坊さんたちは、霊能者のイメージからほど遠いと言える。むしろ自分たちが霊能者のように見られていると知れば、不名誉に感じるかもしれない。

浄土真宗には、まず修行がない。修行することでさとりの境地をめざす、というのは自力聖道門《じりきしょうどうもん》と言われる。これに対して、浄土真宗は、他力念仏《たりきねんぶつ》を立場とする。

私たちはみんな凡夫《ぼんぶ》であり、修行したところでたかが知れている。だから、自分の力でさとりの境地をめざすのはあきらめて、阿弥陀仏という仏さまの救いの力を信じることで、さとりの世界へと導いてもらおう、という考え方である。

ちなみに、その仏さまの救いが、死んだあとに待っているのか、生きているうちに訪れるのかは、解釈のちがいがあって一様ではない。はっきりしているのは、幽霊やら怨霊などといった死者を、生きている人間が救うことができるとは考えない、ということだ。

死後もこの世に未練があってさまよっている。あるいは、怒りや恨みをもって誰かに祟ろうとする。そういう死者がいるとしたら、彼らを救えるのは、阿弥陀仏であって、人間ではない。お坊さんも普通の人間なので、死者を救う力などもってはいない。

もう少しつっこんでいくと、本当に苦しんでいるのは、死者というよりも、死者と生前に関わっていた生者のほうなのではないか。生者が死者に向けて自分の苦しみを投影しているのではないか。こういう風に考えるのである。

こうなるともう、死者の救済の話ではなくなって、死者を怖がっている人の救済の話になってくる。これはまあ、一般のカウンセリングにわりと近い考え方ではある。

私の信条としてもこれに準ずるところがあって、幽霊が見えるという人を安易に切り捨てないように、浮かばれない死者に苦しめられている人であっても、できるかぎりその心の現実に寄り添っていきたいと思っているのである。


さて、母親のカウンセリングの話にふたたび戻ろう。

その後、三か月ほどは、その霊能者の言う通りにした。車の中で大きな声でご先祖さまへの感謝の言葉を叫び、また家にある仏壇や神棚に手を合わせることも欠かさなかった。それでも、息子の状態は何も変わらなかった。

変化があったのは、母親のほうだった。

長らく勤めていた会社を思い切って退職したのである。仕事をやめることで、一日中、家でずっと一人でいる息子と接する時間が増える。そのほうが息子にとってもよいのではないか。そんな風に思えてきたのだと、彼女は語った。

ここに至るまでの経緯は、面談の中で話し合われた。

仕事をやめたいという思いは、以前からくすぶっていた。営業の仕事で人前に出ることが多く、自分には向いてないなと常々感じていたという。とはいえ、仕事をやめるとなると、家の中で長く過ごさなくてはならない。そうすると、おそらく舅の幽霊とも頻繁に会うことになるだろう。このことがもっとも不安の種であった。

もともと仕事を始めた理由は、舅が生きていたときに、昼間に舅と顔を合わせたくなかったからである。舅が亡くなってからは、幽霊は出てくるし、ただならぬ気配を感じて気分が滅入るのは日常茶飯事で、家にいることが苦痛でたまらなかった。だから、できるだけ家にいないように休みの日も外出するようにしていた。

「おじいさんの幽霊が見えるってことは、旦那さんに話したりしてないんですか？」

ある日の面談で、ふと思いついて、彼女に尋ねてみた。

「夫には、そういう話はできないんですよ。死んだ自分の父親のことを悪く言われたくないだろうっていうのもありますが、霊感がさっぱりなんですよね、あの人。私が幽霊が見える体質だってことは知り合った頃から話しているんですが、はなからバカにしてまったく信じてくれなくて。「ああ、またその話か」って感じで、あきれられちゃう。だから、今はあんまり話さないようにしているんです」

思い起こしてみると、もう何年も夫とゆっくりと普通の会話すらしていなかった。夫も、息子が不登校になってから、家にいるのが気まずいのか、休みの日でも勝手に一人でどこかへ出かけたりしている。家族がみんなバラバラだなと思えてきた。

「せめて、息子さんともう少し関わってあげられる時間が必要かもしれませんね」

幾度となく彼女に伝えてきた言葉であったが、夫との関わりについての話の流れで、このときはどうやら彼女の心にすっと入っていったようだった。

「そう、そうですよねえ……、子どもとしっかり向き合わないとダメですよねえ……。そうかあ、やっぱり仕事をやめて、家にいる時間を作ってみようかなあ……」

こうして、彼女は仕事をやめ、家で息子と向き合おうという気持ちになったのだった。

母親は、日中に家で過ごすようになってから、心に余裕ができたのか、趣味なども広がっていった。懸念していた舅の幽霊は、なぜだかめっきり出てこなくなった。

そんな折、驚いた事件が起きた。息子に「居間に降りてきてゲームをやったらどうか」

と言ってみたら、いつも引きこもっている部屋から出てくるようになったのだ。うれしかったので、息子にゲームのやり方を教えてもらい、一緒にやってみると、これが案外楽しかった。それからは、こちらから家事の手伝いを頼んだりすると、軽くうなずいて素直に応じてくれたりと、何かと息子と交流ができるようになっていった。

春がきて、暖かくなった。一緒に並んでみたら、いつのまにか身長が越されていることがわかった。息子はもう中学三年生になっていた。

「たまには身体でも動かしてみない？」とウォーキングに誘ったら、息子は意外にもついてきた。後で考えてみると、外出するのはすごく久しぶりのはずだった。でも、不思議と何もためらわずに自然に家から出ることができた。

家から少し離れたところに小さな山があり、そのてっぺんに神社があった。夕食の前に、そこまで歩いて帰ってくるのが、少しずつ日課のようになってきた。息子は無口で、まったくしゃべらないが、それでも二人で並んで歩くと、なんだかうれしかった。

歯車がなんとなくかみ合ってきている。そんな実感が出てきたある夜のこと。夕食のとき、夫がポツリと、「家族で山登りに行かないか？」と妙な提案をしてきた。

「急にどうしたの？」と聞くと、夫は、若いときの趣味が山登りで、アウトドア派だったという。そんな話は初めて聞いた。「いつか家族三人で山に登りたかったけど、あいつが学校にいけなくなってしまって、言い出せなかったんだ。でも最近は、だいぶ調子がよさそうだからさ」と、夫は無邪気な顔で話していた。

息子に山登りの話をしてみると、少し顔をしかめたが、小さな声で「わかった」と返事をした。夫が休みの日をねらって、東京近郊の高尾山に登ることが決まった。

高尾山は、標高五九九メートル。道も整備されていて初心者にはもってこいの山である。ちなみに、古くからの修験道《しゅげんどう》の霊山としても有名で、天狗が出るという伝説もある。

新緑の映える季節。少し曇り空だったが、暑くもなくちょうどいい感じだった。

登り始めると、途中で、夫は得意げに植物の知識なんかを披露した。けれど、息子はほとんど興味を示すことがなかった。だんだんと会話することも少なくなり、森林に囲まれた山道を黙々と進んでいった。

なんだか空の様子が怪しくなってきた。ポツ、ポツ、ときたかと思うと、やがて大粒の激しい雨になった。すぐに防寒具と雨具を身に着けて、雨宿りをすることにした。夫は「この程度の雨なんて問題ない。俺の若い頃だったら、むしろワクワクしたもんだ」と、無理やり先に進もうとした。けれども、雷まで鳴りだす始末だった。

息子に、「どうしよう。でも、少し雨がおさまってきたら、がんばって登ってみようか」と促してみた。ずぶ濡れになりながら、息子の顔がみるみる強ばっていくのがわかった。そして、父親に向かって、大声で怒鳴ったのである。

「こんなところ、本当は来たくなかったんだよ！　何しに来たんだよ、まったく！」

初めて聞く息子の怒声だった。真っ赤な顔をして、息子はあたり散らすように地団駄を踏んだ。父親は茫然として黙ってしまった。そんな親子の光景を眺めながら、母親はかえって冷静になっていた。「この子はこんなにもエネルギーがあったんだ」と、むしろ感心するほどだった。

結局、山頂には向かわず、小降りになるのを待って下山することになった。帰りがけは、息子も夫も機嫌が悪そうにしていて、ずっと無口だった。

それからしばらくして、学校が夏休みにさしかかる頃だった。

いつものようにウォーキングをして、神社で休憩をとっているときに、めずらしく息子のほうから話しかけてきた。

「中学に行ってなかったら、やっぱり高校って行けないの？」

「えっ?」と思った。「高校に行きたいの?」と聞くと、「うん、行ってみたい」とはっきりと答えた。

母親は、「どうしたらいいでしょう。」と相談してきた。私は、「いきなり教室に入るのは難しいと思うので、まずは適応教室に行ってみたらどうでしょうか」と提案した。適応教室は、不登校の生徒が学校に復帰するためのリハビリ施設のようなものである。ここに通えば出席扱いとなり、高校受験も可能になる。

それからはもう、とんとん拍子だった。

適応教室に見学に行くと、人数も少なくて、指導員の先生も温かく歓迎してくれた。次の週から、半日だけという条件で、毎日通うことになった。

やがて、夏休みが明けると、お弁当を持参して、夕方まで適応教室で過ごせるようになった。根が生真面目なのか、定刻になると自分から出かけていき、帰りも自分で歩いてくる。勉強にも少しずつ手をつけ出し、小学校の復習から始めて、中学一年くらいまで進むことができた。「飲み込みが早い」とほめられるくらいだった。

「まるで夢を見ているかのようです。こんなにうまくいくことってあるんですね」

母親は、涙を浮かべながら、これまでの経緯を振り返った。

「これって、ご先祖さまのお力なんでしょうかね……。こうなってくると、神仏っていうか、そういうご利益《りやく》って本当にあるのかなって思ったりもしますよ」

ご先祖さまのお力かどうかは、確かめようがない。ただし、臨床的に見れば、母親が仕事をやめ、家にいる時間が多くなることで余裕ができ、しかも子どもと向き合うように心がけることで、家族の関係が修復していった。そのことによって、止まっていた歯車が動き出し、ここまでの回復をもたらしたのだろう、と考えることはできる。

しかしながら、その発端をたどれば、確かに霊能者から言われたアドバイスであった。彼女の霊感は、不思議なめぐり合わせを引き寄せたのかもしれない。

その後、息子は、適応教室に通い続け、私立の高校を受験して見事に合格を果たした。

半年ほどが経ったある日。どうしてもお礼と報告がしたいと、母親が相談室を訪ねてきてくれた。息子は、今のところ順調に高校に通っており、不登校であったことがまるでウソのようだという。そして、

「じつは……、舅の幽霊が久しぶりに現れたんですよ。だけど、今度は怖くはないんです。何だか敬虔《けいけん》な気持ちになってしまって……」

彼女は、ゆっくりとした口調で語り出した。

「あの、どう言ったらいいんでしょう。その幽霊……、お坊さんの姿をしていたんです。白い修行者みたいな恰好して、笠をかぶって、杖みたいなのをもって、立っていて……。昼間に現れたんですけど、その顔をよく見てみたら、驚きました。……お義父さんなんです。しかも、怒っている顔じゃなくて、とっても穏やかな顔をしているんです」

「それはもう、幽霊じゃなくて、守護霊ってことですか?」

「あっ、そうですね。お義父さん、きっと成仏したんだと思います。そのことをわざわざ知らせに来たんでしょうかね」

「あるいは、おじいさんも、孫が学校に行けるようになって、うれしかったとか……」

「そうかもしれません。お義父さん、とっても心配していたから。でも、よかった。これからは、あの子のことを、お義父さんも見守ってくれるんだと信じています」

彼女の顔は、とてもすがすがしい感じで、目が透きとおっていた。

この母親との面談が終結に向かっていく中で、いつしか私は、「還相《げんそう》の菩薩《ぼさつ》」について思いをめぐらしていた。

浄土仏教の思想に、「還相回向《げんそうえこう》」という考え方がある。浄土信仰に生きた者は、その命が尽きるとき、阿弥陀仏が来迎《らいごう》し、極楽浄土に導かれて、往生する。然《しか》るのち、菩薩となって、濁世《じょくせ》を生きる私たちの救済のためにふたたび還《かえ》ってくる、というものだ。

このような考え方は、仏教思想というよりも、民俗信仰に近いような印象も受ける。還相回向は、浄土真宗の透徹《とうてつ》した他力思想のもとで、阿弥陀仏の大悲のはたらきとして解釈されている。が、なおも死者と生者との関係を問題にする余地を残している。

私としては、この考え方を臨床的に捉えて、あえて「死と再生」のテーマに寄せて解釈してみてはどうかと思っている。言わば、精神的な死を経験することで、超越的なものに触れ、それによってふたたび人生の意義を回復する、ということ。

実際、こうした解釈に立って、このケースに現れた舅の幽霊について振り返ってみると、この幽霊が、結果的に全体の流れを回復へと方向づけるトリックスターであったことに気づかされ、驚かされるのだ。

そして、それこそが「還相の菩薩」のはたらきなのではなかろうか。

死者は、菩薩となって、私たちの人生にはたらきかけ、私たちを見守り支えている。そんな風に考えることで、人生をより豊かに見つめ直すことができるように思うのである。

第6章　死者の夢

この章では、夢をめぐって、あれこれと考えていきたいと思う。

さしあたり、カウンセリングの中で語られた夢について紹介することから始めてみたい。といっても、夢だけ取り上げてみても何だかよくわからないので、その前後も合わせて描くことにする。


クライエントは、不登校の中学生をもつ母親である。

息子が、中学二年生になってから、学校に行かなくなってしまった。きっかけはよくわからない。とても真面目で勉強もよくできる。一年生の頃は学級委員もしていた。いわゆる優等生タイプである。そういう子が不登校になることは、意外に多かったりする。

母親は、先回りして考えるところがあるようで、最初の面談でも、ネットで調べたり、

本を読んでみたりしたらしく、

「とりあえず学校に行くように促すことはせずに、本人のエネルギーが溜まるまで待ってみることですよね」と、物分かりのいいことを言った。

その後、面談を重ねていく中で、こんな話をした。

母親には三人の子どもがいて、上の二人が娘で、中学生の息子は末っ子になる。じつは彼は長男ではない。彼が生まれる前に、もう一人、姉たちの上に男の子がいた。その子は、小学校にあがる少し前に、不慮の事故で亡くなってしまったという。

昼間は子育てに追われながらも、夜は亡くなった子どものことを思い出し、自責の念にかられ涙にむせぶ日々だった。けれども、それから一年が経ち、それこそ長男の一周忌の法要を済ませた頃に、彼がこの世に生まれてきたのである。

母親は、彼を妊娠したときから、亡くなったわが子がもう一度戻ってきてくれたんだという実感があった。要するに、彼は、兄の生まれ変わりだというのである。

だから、それはもう大事に育ててきた。今度こそ絶対にこの子を死なせてはいけない。細心の注意を払いながら育ててあげ、ようやく中学生になるまでに立派に成長してくれた。

それなのに、不登校である。姉たちにはそんな経験はなかった。

「本当のところ、あの子が学校に行けなくなってから頭の中が真っ白になってしまっていて、どうしてよいのかわからないんです。この先、ずっとこんな状態が続くんじゃないかって思うと、もう不安でたまりません」

ところが、ある日の面談のときである。母親はとても印象深い夢を見たという話をした。

「夢の中に、二〇歳くらいの若い男の人が現れたんです。学生服を着ていました。そして、「お母さん、心配しなくていいよ。きっとうまくいくからね」って、はっきりと言ったんです。それから、その人は上のほうにすっと消えていきました」

目が覚めて、直感的に思ったのは、その若い男性は一五年ほど前に亡くなったわが子だったのではないか、ということだった。そういえば、かすかに覚えているその顔には、長男の面影があった。ちょうど生きていれば、その子は二〇歳を過ぎたくらいになる。きっと子どもが成人した姿となって、あの世から夢に出てきたにちがいない。

母親がこの夢を見てからほどなくして、まるで示し合わせたかのように、不登校だった息子は、少しずつ校内の相談室に通えるようになっていった。そして、三年生になるタイミングで、教室にも復帰することができるようになったのである。

「ふりかえってみると、あのときの夢の中で伝えられた言葉、「きっとうまくいくからね」という一言は、このことだったんだと思います。亡くなった子は、あの世で成長しながらずっと弟のことを心配して見守っていてくれていたんですね」

母親はしみじみと語っていた。


さて、こういう話を聞いて、みなさんはどんな感想をお持ちになるだろうか？

なんだか癒される、いい話だなあ。そう感じてもらえるのならば、それに越したことはない。しかし、少し斜に構えれば、偶然に起こった出来事を都合よく一つのストーリーに仕立てているだけではないのか、という穿《うが》った見方だってできるだろう。

だいたいこの母親は、次男のことを、生まれる前に亡くなった長男の生まれ変わりと感じていながら、その後に見た夢では、亡くなった長男が成長した姿で現れたと思い、中学生の次男とは別の存在と感じるようになっている。

それに、そもそも夢に現れた若い男性は、本当に亡くなった長男の成長した姿だと言えるのだろうか。その確証はどこにもない。また、夢に現れた人物から「きっとうまくいく」と言われ、そのあと、中学生の次男が不登校から回復することになったことから、この二つの事柄を一連の流れとして結びつけているが、ここに影響関係があるとなぜ言えるのか。どれもみな、この母親の主観にすぎないのである。

けれども、そうした皮相的な感覚でクライエントの語りを理解しようとするならば、カウンセラーとしては失格であろう。

カウンセリングは、実証の世界ではない。実感の世界である。

前にも書いたかもしれないが、クライエントの心の現実として起こっている出来事を、むやみに否定せず、その物語に寄り添いつつ進めていくのが、カウンセリングである。

このことは、夢をあつかうときには、とくにそうである。

夢というのは、心の現実が象徴的に示されるヴィジョンの典型である。一見すると、荒唐無稽のようであるが、そこには必ず何らかのメッセージが含まれている。

そこで、そういう感覚でもって、この母親の見た夢の内容に迫ってみるとどうなるか。

まず、亡くなった長男が、子どもであったはずなのに、成人した姿で現れたこと。このことは、その後に生まれてきた次男がこの世で成長してきた姿と、パラレルに呼応しているように見える。成人した長男が学生服を着ていたのは、これを裏づけている。

ここには、きわめて強烈なメッセージがあると思う。

死者は思い出の中に生きている、というのであれば、よく聞く話である。ただ、それならば、夢の中でも、亡くなったときのままの姿でなければおかしいはず。

この夢が伝えているのは、死者は思い出の中にはとどまっていない、ということだ。

この世で生きる私たちが子どもから大人になるように、死者もまた、あの世で成長している。そう考えたほうが、夢の実感に合っている。

そして、夢の中で、亡くなった長男が伝えた「うまくいくからね」という言葉に呼応するように、不登校だった次男が回復していく、という展開。このとき母親が感じたように、あの世で成長した長男が、この世を生きている次男のことを見守っている、というのはなかなか言い得て妙である。

夢と外界との奇妙な一致を表す言葉に、「シンクロニシティ」がある。ただし、今回の夢に関して言えば、シンクロしているのは、夢と外界というよりも、あの世とこの世、死者と生者なのではないかと思えてくる。

古来、夢というのは、異界への通路と考えられてきた。

夢の語源が、「寝目《いめ》」とか、「寝見《いみ》」であることは、わりと知られている話ではないだろうか。あるいは、「夜目《よめ》」という記述もある。

夢は見るもの。つまり、視覚を中心とした現象である。でも、よく考えてみると、これは変な話だ。夢を見ているときは、寝ているとき。目は閉じているはずである。ならば、一体、何によって夢を見ているのだろうか。

それが、寝ているときの目、夜の目である。言うなれば、特別な目ということだ。語源には、そのことが反映されている。

特別な目とは、「魂がもつ目」を指す。古代人は、睡眠を一種の仮死状態と考え、その間に、魂は異界へと導かれ、そこで体験した内容を夢だと考えた。

異界とは、霊界、あの世、死者の国。そう言い換えてもさしつかえない。

こういう発想でいくと、私たちはみな、毎日、眠りに入ると、夢を介して、あの世や死者と交流していることになる。そして、そうしたあの世での体験は、起きているときに、この世での生活にも反映され、影響を及ぼすというわけである。

いやいや、ちょっと待ってほしい。

何も古代人の空想を鵜呑みにして、夢にそんな神秘的な意味をもたせる必要なんてないのではないか。現代人は、もっと科学的に思考するものだろう。

夢を科学的に考えようとすると、当然ながら、脳内の現象という発想になる。だいたい目を閉じたって、頭の中にヴィジョンが浮かぶことは、誰にだってある。何も特別なことじゃない。それは脳が作り出すものだ。夢もまた、こうした脳の機能の延長上に起こっている現象にすぎない。

脳科学の一つの仮説によると、レム睡眠（浅い眠りで、身体は休んでいるが、脳が活発に動いている状態）のときに、活性化した脳幹から出力した記憶が、前頭葉につながり再構成されたのが、夢なのだという。つまり夢は、でたらめに出てきた記憶の情報を、前頭葉がつじつま合わせをした結果だというのである。

こういう説明をされると、妙に納得してしまうのが、現代人である。

とはいえ、記憶が再構成されたものならば、なぜそこから、メッセージ性をもち、実感をともなったストーリーが展開することがあるのだろうか。それは、こちらの勝手な思い込み、ということで済ませてよいものなのか。

こんな風に考えると、話はふりだしに戻ってしまう。科学は、起こった出来事のメカニズムは説明できたとしても、その出来事の意味までは教えてくれない。

たとえば、美しいメロディを聞いたときに感動する、という場面。このとき、そのメロディの音程や波長はどれくらいなのか。また、どのように聴覚に刺激が与えられ、脳のどの部位が反応するのか。そういうことは、いくらでも科学は解明する。けれども、そのメロディを聞いた人の感じ方、気持ちの湧き上がりやイメージがどんなものであるのかは、その人にしかわからない。それは実感の世界としか言いようがない。

ただし、その人が語った表現に対して、聞いた側が共感するという形で、その実感を共有することはできるだろう。逆に言えば、聞いた側が共感できなければ、その実感は単なる思い込みにも見えてしまうのである。

心の現実は、客観化になじまない。それどころか、かえって客観性を否定する。

夢も同じである。夢を理解するのに、客観性を持ち出してみても、よくわからない。精神分析の夢解釈にも、いくらかの説得力は認められる。とはいえ、分析家だけが満足し、当のクライエントの実感が伴わない夢解釈ならば、治療の効果は期待できないだろう。

夢は、あの世とこの世、死者と生者との架け橋なのではないか。その話題から、もう一つ紹介することにしよう。今度は、カウンセリングの話ではなくて、月忌参《がっきまい》りのときに、ご門徒のおばあさんから聞いた話である。

毎月、ご命日になると、お寺のお坊さんは、門信徒のお宅に迎えられ、お仏壇に向かって一緒にお勤めをする。田舎では、お年寄りだけの家も多い。そのおばあさんも、以前は老夫婦で暮らしていたのであるが、数年前におじいさんが亡くなり、今は一人暮らし。いわゆる独居老人である。娘さんが東京のほうに住んでいて、最近は週末になるとときどき様子を見にくるらしい。

お勤めのあと、お茶を飲みながら話をしていると、夢の話になった。

近所の知り合いから、北枕で寝ると身体の調子がよくなる、といった話を聞いたので、その日は、そんなものかと思って、いつもと違う向きで寝てみたそうである。すると、夢の中に、亡くなったおじいさんが出てきたという。夢の中に出てきたのは初めてだった。といっても、特別な姿ではなく、ごく日常の風景である。

おじいさんが、家の前の庭で黙々と草刈りをしている。精が出るもんだと思って眺めていると、庭の土を掘り起こしたのか、錆びたガスの配管のようなものが見えた。

そこで、おじいさんは、なにやらその配管を、草刈り鎌でカンカンと叩き出したのである。一言もしゃべらないが、その顔は何かを訴えているようだった。

目が覚めてから、なんとなく変な予感がしたので、ガス屋さんに連絡を入れ、お願いして来てもらうことにした。そしたら、ガスのメーターの動きがおかしい、というので、この家の下を通っているガスの配管を調べてみると、なんとガスが溜まっている状態だった。このまま放置していたら、ガスが充満し配管が破裂して、家が火事になっていたかもしれなかった。なので、すぐに配管を交換する工事をしてもらったという。

「まんで、不思議なこともあるもんですねかね。すんでのところで、助けてもらって、命拾いしましたわ。おじいさんが、まだこっちに来るのは早えからって、わざわざ知らせに来たんだわって。この話をすっと、みんなそう言いますわ」

なんだか、おとぎ話でも聞いているような気分である。

この話などは、あまり余計なことを考えずに、本当に、亡くなったおじいさんが、夢を介して、おばあさんの命を助けてくれたんだと、素直に受けとったほうがいい気もする。

そういうこともあるんだな、という感覚である。

ただ、人というのは、なかなか感性の中だけでは安住できないものである。物語と思っているうちはいいけれど、現実の出来事だと思うと、どうも疑り深くなってしまう。

亡くなったおじいさんは、どこかあの世のような異界に住んでいる。そして、いざというときは、この世で生活しているおばあさんの夢にアクセスして、危険を知らせることが可能である。とすると、そのあの世というのは一体どこにあるのか。しかも、どうやってこの世とつながることができるのか。

それからもう一つ。これはお坊さんが聞いた話である。お坊さんは、曲がりなりにも、仏教の伝統を背負っている。仏の教えや信仰に照らしてみると、この話はどうなるのか。教義とはなんら関係のない、とるに足らない話なのか。

私は、宗派としては浄土真宗に属しているので、真宗の教えを軸に発想する傾向がどうしてもある。夢の話というと、やはり宗祖である親鸞聖人の夢告《むこく》を思い出してしまう。

親鸞の伝記には、いくつか夢の記録がある。その中でも有名なのは、二九歳のときに京都の六角堂《ろっかくどう》での百日参籠中《ひゃくにちさんろうちゅう》に見たもので、「女犯偈《にょぼんげ》」の夢告と呼ばれている。

真っ白な袈裟《けさ》を着た救世観音《ぐぜかんのん》が、大きな白蓮《びゃくれん》に座った姿で現れて、「あなたが、過去の因縁の報いから、たとえ女性と肉体関係を結ぶようなことがあるとしても、そのときは、私（救世観音）が玉のような美しい女の身体になって犯されてあげよう。そして、あなたの一生を輝かしいものにし、臨終のときには、あなたを導いて極楽《ごくらく》に生まれさせてあげよう」と告げた。

現代語に直して、あらためて読み返してみると、けっこう生々しい夢だと思う。この夢の意味については、学者がいろいろと解釈している。性の悩みへの解消というわかりやすいものから、浄土仏教の救済のあり方が象徴されているといったものまで、さまざまだ。

この夢告と前後して、親鸞は法然の教えに帰依し、妻帯へと踏み切る。面白いのは、妻である恵信尼《えしんに》も、この夢告に呼応する夢を見ていることである。その夢は、常陸《ひたち》の国の境の郷という場所で、夫や子どもたちと一緒に暮らしているときに見たものだ。

どこかのお堂の供養《くよう》なのか、東向きにお堂が建っていて明かりが灯《とも》っている。そのお堂の前には鳥居があり、そこに仏の絵像が掛けてあった。一体は形がなくただ光ばかりが輝いている。もう一体は、はっきりと仏のお顔が描かれている。

「これは何という仏さまですか」と尋ねると、誰か知らない人が、

「あの光ばかりでおいでになるのは、法然上人です。つまりは勢至菩薩《せいしぼさつ》さまですよ」

と答えられた。

「では、もう一体のほうは」と尋ねると、

「あれは観音菩薩さまでおいでになられます。あれこそ善信《ぜんしん》（親鸞の別名）のご坊ですよ」と答えられたのを聞いて、とても驚いた。


恵信尼は、夫である親鸞に、この夢の内容のうち、法然上人のことについては話したが、後半についてはあえて話さず、胸の中にしまっておいたという。

なんとも奥ゆかしき夫婦愛かな。妻は、夫のことを、ひそかに観音菩薩の化身《けしん》として敬慕の念を抱いている。その夫もまた同じく、妻のことを観音菩薩の化身と信じている。

観音菩薩のもとで、お互いに相手を敬愛しあっている関係。極楽浄土のありようを示す言葉に、「仏仏相念《ぶつぶつそうねん》」（仏と仏とが互いに尊び拝みあっている）というのがある。夫婦にとどまらず、普段の人との関わりも、このように見ることができるようであれば、平安にこの

世を生きられるのではなかろうか。

ここで興味深いのは、親鸞も恵信尼も、夢を通してこうした信念へと導かれていることだ。浄土仏教では、観音菩薩は、勢至菩薩とともに、阿弥陀仏の脇侍《わきじ》として描かれている。言うなれば、極楽浄土からの救いのはたらきの象徴である。観音菩薩は、死者ではないけれども、あの世からの使者であり、念仏信仰に生きる親鸞と恵信尼の夫婦を見守り、救いの手を差しのべているとも言える。

そして、観音菩薩もまた、夢通信によって、この世とつながっているのである。


そういえば、極楽浄土というのは、西方十万億土《さいほうじゅうまんおくど》のかなたにあると、仏典には説かれている。なんだかよくわからない単位であるが、とにかく途方もなく遠いところにそういう世界が実在しているというのである。

また、極楽浄土は、あまりに遠大で宇宙的なので、この世で生きているあいだに行ける場所ではなく、死後に生まれ変わる浄らかなる国土だとも説かれている。

要するに、あの世である。

近代の仏教学の主流は、この仏典の記述をそのまま事実として認めることはしなかった。

当時の科学知識との整合性がはかれないということもあっただろう。また、宗教という概念が定着する中で、仏教の世界観を、個人の内面の問題へと還元しようとする動きが当たり前になってきたことも、大きく影響している。

それから一世紀ほど経った今だって、状況は大して変わっていない。

現代を生きるお坊さんであっても、死後どうなるのかとか、あの世について考えたり、語ったりするのは、どこか後ろめたさがつきまとう。それって、仏教じゃないんじゃないかとか、レベルの低い話だとか思ってしまう。

私も、仏教学を学んでいた頃は、そんな風に思っていた。

けれども、人生を重ねていくにつれ、「この世だけで、世界は本当に完結しているのだろうか」という疑問が湧いてきて、どうしても払拭できない自分がいる。

こういう疑問を、お坊さん仲間の知り合いにぶつけたら、すぐさま「無記《むき》」という答えが返ってきた。お釈迦さまは、そういう「あるか、ないか」の質問には回答しなかった、というのである。それは、答えたところであまり意味がない。救いとかさとりとは関係ないですよ、ということである。

とはいえ、私には、この「無記」という考え方が、どうも思考停止を促しているように聞こえてならない。お釈迦さまの真意はきっと違うのだろう。ただ、「この世だけがすべて」の世界観の中でもがき苦しんでいるのであれば、「本当にこの世だけなのか」という疑問を突きつめてみてもよいのではないのか、と私は思うのである。

夢というのは、まさにそういう疑問を解消してくれる糸口である。

といっても、何度も書いてしまうが、これは実証の世界ではない。あの世の存在は夢によって客観的に証明できる、と言いたいわけではない。夢はどこまでも主観であり、実感の世界である。だから、夢を通してあの世のリアリティに触れたとしても、それはあくまで実感の中での出来事だ。つまり、あの世というのは、通常、私たちがあると思っているような現実とは同じ次元のものではないのだろうと思う。

これは考え始めると、とてもややこしい。ややこしいので、ここでまた、一つの夢を取り上げて、それをもとに考えることにする。

取り上げるのは、深層心理学の巨匠、カール・ユングが見た夢である。

私は、太陽の光がふりそそぐ、広々とした丘陵の中の小道を歩いていた。そのうち、道端に小さい礼拝堂があり、戸が少し開いていたので中に入ってみた。

祭壇には素晴らしい花が活けてあった。そして、祭壇の前の床の上に、ひとりのヨガ行者が結跏趺坐《けっかふざ》して、深い黙想にふけっているのを見た。近づいてよくみると、彼は私の顔をしていることに気がついた。

私は、はっとして考えた。「ああ、彼が私について黙想している人間だ。彼は夢を見、私は彼の夢なのだ」。彼が目覚めるとき、私はこの世に存在しなくなるのだと、私には解っていた。


ヨガ行者は、あの世の住人である。彼は深い黙想にふけり、夢を見ている。その夢の内容は、この世を生きるユングの人生である。あの世のヨガ行者が夢から覚めるとき、この世のユングの人生は終わることになる。

私たちも、ふと思うことがあるだろう。自分の人生は、ひょっとすると夢なのではないのか、と（『荘子』にある「胡蝶の夢」を思い出す）。その夢を見ているのは、この世の私ではなく、あの世にいる本当の私なのかもしれない。

この夢には、この世とあの世との関係が巧みにたとえられている。ユングは、これを意識と無意識の逆転関係を表す夢として、解釈している。

この逆転は、無意識の存在が本当のものであって、私たちの意識の世界は、一種の幻想であることを示唆している。夢の中では夢が現実であるように、意識の世界も、特殊な目的によって作りあげられた見せかけの現実にすぎない。こうした状態は、東洋人のマーヤーの概念とかなり似ていることは明らかである。

なにも難しく考える必要はない。ユングが言いたいことは、古典なんかに出てくる、「この世は浮き世、夢幻のごとし」というフレーズに、ぴったり一致しよう。

私たちが、「この世」と言っているのは、意識によって把握された現実である。ところが、意識というのは、広大無辺な無意識の世界に支えられている。

イメージすれば、無意識という大海原が広がっていて、その海面で、風に吹かれて起こる一つ一つの波が私たち一人一人の意識である。

無意識からみれば、意識の世界、この世の現実なんて、たかが知れている。はかなく、たよりない。それこそ、夢や幻のようなものだ。

けれども、無意識のほうは、大いなるいのちの流れのごときであり、まるで黙想しているかのように、深く静寂であり泰然としている。それはあたかも、極楽浄土と同じく、この世（＝意識）をはるかに超越した、「あの世」をイメージさせる。

ユングが見据えていた無意識。

じつはこれにかなり近い概念を、ユングより一五〇〇年ほど前に生きた仏教のヨガ行者たちが提唱している。それは「アーラヤ識《しき》」と呼ばれる概念である。

アーラヤ識は、もっと注目されてもいい言葉だ。

これは「唯識《ゆいしき》」という考え方のもとになっている。読んで字のとおり、「ただ識のみ」。この世界は、「識」だけしかないのだという。

「識」というのは、認識という意味であり、言わば「心」のはたらきを指す。

『華厳経《けごんきょう》』という仏典に、「三界は虚妄《こもう》にして、唯《た》だ一心の作なり」という言葉が説かれている。この世の現実は偽りであり、ただ一つの心によって作られたもの。

その一つの心というのが、アーラヤ識である。アーラヤ識からは、私の意識のみならず、私の肉体も、私をとりまく自然環境も、さらに言うと、人生のさまざまな出会いや出来事も、何もかもが生じてくる。そして、それだけでなく、アーラヤ識には、私がこの世で経験するすべてが、そのつど微細な因子となって蓄積される。アーラヤとは「蔵」という意味なのである。

意識のほうからみると、私たちはみな、それぞれに固有のアーラヤ識をもっている。しかし、アーラヤ識からみれば、すべてはただアーラヤ識なのである。

もう一つ、興味を引くのは、アーラヤ識が生まれ変わりの主体として描かれていることである。人は現世で亡くなっても、アーラヤ識は来世へと引き継がれる。この現世は、前世で経験した内容がアーラヤ識によって引き継がれたものだという。

まるで霊魂のようであるが、これには注意を要する。人間界とか、地獄界のような世界がどこかにあって、そこにアーラヤ識が生まれ変わるわけではない。アーラヤ識が、この世の現実も、地獄の苦しみも作り出すのである。

だからこそ、アーラヤ識は、ひっくり返ると、さとりの智慧になる、と説かれている。そこに生まれてくる世界は、仏さまの国、浄土である。

それはすべてがアーラヤ識だと気づくとき。こうなるともうアーラヤ識という名称は要らなくなる。「空《くう》」である。ただし、何もないんじゃない。すべては、いのちの大いなる滔々《とうとう》とした流れであり、大いなるはたらきであった。そんな風に気づくのである。

言わば、この世が夢だと気がつけば、そこに真実が見えてくるというわけだ。

ちなみに、この気づきのあとは、アーラヤ識に替わって別の名称になる。これまでは偽りを生み出していたが、今度は真実を生み出すのであるから「真識《しんしき》」「真蔵《しんぞう》」「真心《しんじん》」などと呼ばれるようになる。これらはみな、さとりの智慧、空、の別名である。

さて、このように見ていくと、アーラヤ識の本当のはたらき、というのがお察しいただけたのではないだろうか。それはつまり、迷ったり悩んだりしている私たちを、さとりの智慧へと向かわせるように、それとなく促すことなのである。

その促しの方法の一つが、夢である。夢に出てくる死者というのは、アーラヤ識からの大切な使者なのである。もちろん菩薩もそうである。

夢の中に、死者が現れたり、聖者が現れたりするのは、さとりに向かって心の成長の機会が訪れたときなのであろう。今のところ、私はそう考えるようにしている。

第7章
読経の声が響きわたる

「お坊さん」と聞くと、ほとんどの日本人は、読経《どきょう》する姿をイメージするのではないだろうか。その場面は、もちろん葬式や法事であろう。では、葬式や法事は何のために行うのか、と問われれば、亡くなった人を供養《くよう》するためだ、とおそらく答えると思う。

当のお坊さんのほうであっても、やはり同じ感覚を共有しているところがある。僧侶としての勤めは、死者への供養であり、そのために読経することである、と。

未曽有の大災害が起こったときなどには、こうした感覚がとくに表出しやすくなる。

津波が襲いかかった沿岸部から、次々と遺体が運ばれてくる。その様子を目の当たりにした人々は、想像をはるかに超えた死の現実に、ただ愕然とするばかりだった。

遺体の傍らで、泣きくずれ、嗚咽《おえつ》する者たち。それは言葉ではなんとも形容しがたい、息のつまった悲しみの光景である。

ボランティアの中に、袈裟《けさ》を着て数珠を提《さ》げた僧侶がいた。彼は、遺体に手を合わせながら回っていた。ひとりの遺族が彼に近づいて、すがるように言った。

「もしよかったら、お経をあげてもらえんでしょうか」

その僧侶もまた、緊迫した悲嘆の雰囲気に堪えきれず、気がつけばすでにお経の言葉が口からこぼれ出ていた。

心が通じ合うように、僧侶は、遺族たちに寄り添い、亡骸に向かって読経をはじめた。

その声は、遺体の安置所の外にまで響いていた。


僧侶は、遺族たちが言葉にならないまま訴えていた、「死者を弔いたい」という願いに応えようとした。読経という仕方でしか、この願いには応えられない。そう感じたからこそ、何かに突き動かされるように、彼は読経したのであろう。

死者を弔う。死者の冥福を祈る。死者の行く末を案じる。

そうした思いがあふれ出てくること。それこそが死者供養の原点である。

東日本大震災のとき、犠牲となった人々に向けて、その供養のために唱えられた僧侶たちの読経の声には、本物が宿っていた。

近年は、葬式に呼ばれる僧侶の形骸化が著しい。読経は、焼香するときの厳《おごそ》かな気持ちを演出するバックグラウンド・ミュージックであり、僧侶は、言わば、葬式の場を飾り立てる道具の一つになっている。

けれども、大災害に見舞われ、悲しみの極致に達した人々は、心の奥底から、僧侶の読経を求めざるを得なかった。そこには読経でなければ満たされない、何かがあったのだ。それにしても、なぜ読経なのだろう。読経は、死者に、そして遺された者たちに何をもたらすというのだろうか。


お経には、お釈迦さまの教えが説かれている。インドで編纂されたお経は、中国にわたって、漢文に訳された。そして、これが日本に伝来してきた。私たちが目にしたり、耳にしたりするのは、もっぱら漢字がつまったお経である。

日本の仏教は、いくつかの宗派に分かれている。各宗には、それぞれよりどころとなるお経がある。また、宗派を開いた宗祖がいて、その方が書かれた著作も大事にされる。その著作もまた、やはり漢文で書かれている。

たとえば、浄土真宗の場合。宗祖は親鸞聖人。よりどころのお経は、『浄土三部経』。そして、宗祖の著作は、『教行《きょうぎょう》信証《しんしょう》』（正式名称は、『顕浄土真実《けんじょうどしんじつ》教《きょう》行《ぎょう》証《しょう》文類《もんるい》』）である。教行信証の中に、韻文の形で書かれた「正信偈《しょうしんげ》」というのがある。浄土真宗の門信徒は、朝夕の勤行に「正信偈」を唱える。これは厳密に言うと、お経ではないのであるが、真宗の場合、読経というと、「正信偈」を声に出して唱える、という感覚がある。

私は、浄土真宗のお寺に育ったので、子どもの頃から「正信偈」になれ親しんできた。当たり前すぎて、違和感を覚えたことはない。

けれども、読経になじみのない人からすると、節回しだけ聞いてもよくわからない、何が書いてあるんだろうなどと、いろいろ疑問に思うのかもしれない。まあ、そんな風に興味をもってもらえるのであれば、お坊さんの端くれとして、なんとなくうれしく感じるところではある。

だが、たいていは、自分の家の宗派について聞かれてもよくわからない。家族が亡くなり葬式をあげる、というときになって、初めてお寺やら宗派やらが、意識にのぼってくるのが実情であろう。しかも、当の葬式の場では、何やら呪文のようなお経が流れはじめる。

そんなお経を聞かされても、意味不明である。ありがたいのかどうかすら、判断できない。ただ、場の空気を演出するための音楽にすぎないのではないかと思えてしまう。

読経は、「声明《しょうみょう》」と呼ばれる仏教音楽にのせて、荘厳な響きと独特の節回しによって誦されるのが、伝統である。お経は、漢文なので、書き下してみれば、それなりに経文の意味は理解できる（もちろん、ある程度の素養があってのことだが）。けれども、読経という日本仏教の伝統は、経文の意味よりも、音律のほうが重視されるのである。

とはいえ、仏教の原点に立ち戻ってみれば、経文に書かれている意味内容こそ、そもそも人々に伝えるべきものではないのか。そして、それは葬祭儀礼においてこそ、活かされるべきではないのか。

そんな問題意識をもったお坊さんもいたもので、近年では、葬式や法事での読経を、現代の日本語によって行い、お経の内容を参会者に伝えていこうとする試みが、浄土真宗の内部で起こっている。

少しその雰囲気を味わうために、「正信偈」の最初の一節を、原文（よみがな）と現代の日本語の訳を対照する形で、示しておこう。

帰命無量寿如来（きみょうむりょうじゅにょらい）
南無不可思議光（なむふかしぎこう）
法蔵菩薩因位時（ほうぞうぼさいんにじ）
在世自在王仏所（ざいせじざいおうぶっしょ）
覩見諸仏浄土因（とけんしょぶじょうどいん）
国土人天之善悪（こくどにんでんしぜんまく）
建立無上殊勝願（こんりゅうむじょうしゅしょうがん）
超発希有大弘誓（ちょうほっけうだいぐぜい）

永遠の仏よ　あなたの呼び声に私は目覚め　量《はか》りしれない寿《いのち》に立ち帰り
思いはかれない光に　敬いを捧げます。
法蔵菩薩《ほうぞうぼさつ》　それは昔　国と王位をすてて道を求めておられたころの　あなたの名
あなたは　世自在王仏《せじざいおうぶつ》という師におつかえし
仏たちの世界の成り立ちと　国と人とのありさまを見きわめて
みずから浄らかな国土を建てようという　すばらしい願いを打ち立て

あらゆるいのちあるものと共に生きようという
かつてない誓いをおこされました。

紙面の上では、残念ながら声明の音律は再現できない。が、漢文を伏せて、よみがなの箇所だけを目で追ってみれば、読経というのが、意味のつかみ取れない呪文のような言葉であることが、すぐにわかるだろう。

ところが、新たな読経の世界は、日本語に訳されたお経の文章を、参会者と一緒に朗読する、というものである。ここからは、独特の音律によって満たされていた儀礼の空間が、まったく異なった、思考によって捉えられる、一つの物語世界へと変換されていく様子が、多少なりとも想像されることだろうと思う。

じつを言うと、私は一度だけ、現代の日本語に訳されたお経で行う仏事に、お坊さんとして参加したことがある。

それは、満中陰《まんちゅういん》、すなわち四十九日の法要だった。

浄土真宗の法要というのは、まず、お内仏《ないぶつ》（自宅の仏壇）に、僧侶も参会者も一緒になって、「正信偈」を唱えるという慣習がある。

導師をつとめる檀家寺のご住職が、法要をはじめる挨拶をした。

そこでは、「葬式のときは、漢文の「正信偈」を声明で唱える型通りのお勤めを行ったが、今回は、日本語に訳した意味のわかる「正信偈」を、一緒に朗読するという形をとり、浄土真宗の法要の意義を確認したい」といった趣旨の説明があった。

私は、以前から耳にしていた「日本語で読むお経」の実践について思い出した。といっても、本のタイトルで見た程度で、詳しくは知らなかった。なので、住職の説明には、少しびっくりした。同時に、どんな風に行うのか、とても興味が湧いてきた。

合掌し、南無阿弥陀仏と称えると、鐘を二つ打って、その朗読は始まった。

それは、まさしく「朗読」という呼び方が合っていた。住職のかけ声にうながされ、みんなで声を合わせて、国語の教科書でも読むように、日本語の「正信偈」の文章を読みあげていくのである。

読んでいるあいだ、とても新鮮さを感じたが、同時に戸惑いもぬぐいきれなかった。きっと、その場にいた親族、縁者の人々も、同じような気持ちだったのではないかと思う。

法要のあとに、「お斎《とき》」といって、僧侶や参会者に食事がふるまわれる時間がある。お斎を用意しているあいだ、私は導師をつとめた住職と少し話をする機会があった。近所でご縁のあるご門徒の家の法要ではあったが、うちのお寺の檀家ではない。檀家寺は、少し離れたところにあるので、この住職とはあまり面識がなかった。

「いつから、日本語で読むお経を実践されているんですか？」

やはり、この新しい試みへの関心を隠すことができず、ついつい話題をそっちへともっていってしまう。

「さあ、もう何年くらいになるかなあ。はじめたときは、反発もあってね。やったりやらなかったりで、迷いもあったよ。でも最近は、葬式以外の法事では、この方式でやるのが定番になってきたね。この辺りじゃ、なかなか実践しているお寺もないから、あんたも変に思ったんじゃないかね？」

こちらの気持ちを見透かすように、住職は聞いてきた。

「まあ、たしかに少し戸惑いましたが、でも経験できてよかったかなあと思います」

「正直なところ、どうだね？　儀式っぽくはないだろう？」

眼鏡の奥からじっとにらむように、その年配の住職はこちらを見た。なんだか試されているような気分だった。

「そう、ですね。まあ……、朗読するだけでは、儀式という感じがしませんでした。キリスト教の讃美歌みたいに、曲をつけて伴奏に合わせて唄うようにしたら、ひょっとしてよいのかなとも。あるいは、声明みたいに節回しをつけるとか。そしたら、儀式らしくなるんじゃないのかなって思ったりしました」

「はっはっはっ……。みんな、おんなじようなことを言うね。なかなか大作曲家が現れないからね、このまま朗読するしかないんだな。だけど、お経に書いてあることの意味を味わいながら読むとしたら、音楽なんてつけないほうがいいかな、とも思うんだ。真宗は、法要であっても、聞法《もんぽう》の場にはちがいないんだから」

お斎がはじまった。

ほどなくして、住職から、食事をしながらでいいので、参会者の一人一人がひとことずつ、自己紹介をかねて、亡くなった方へのメッセージや、今日の法要をどんな思いで参加したのかを話してほしい、という提案があった。

この住職は、なかなかの演出家である。

普段のお斎の席では、あまりこういうことはしない。これはこれで驚いた。なるほど、こういうやり方だと、参会者の法要への意識がぐんと高まることだろう。

そんなわけで、一人ずつ立っては自己紹介をし、いろんな思いを述べていった。途中で、一人の参会者が発言した内容が、とても印象的だった。

「ご住職には悪いんですけど、今日は、とんだ肩すかしにあった気持ちです」

その若い男性は、第一声から、こんなことを言った。それから、自分の名前を名乗ったあと、うらめしそうな口調で、淡々と語り出した。

「ぼくは、ばあちゃんの葬式に出るまで、仏教にはとくに興味もなかったんです。でも、葬式で、正信偈をみんなで一斉に読んだときに、これってすごくいいなあって思って、泣いてしまったんですよね。

ばあちゃんには、子どもの頃よくかわいがってもらって、ぼくもまあ、ばあちゃん子だったもんで……。高校出て地元を離れてから、ばあちゃんとも会う機会がめっきり減ったもんだから、亡くなったときは、ほんとにショックでした。というか、何もしてあげられなかった自分に、後悔してしまったというか……。だから、お経を自分も声に出して読んだときに、なんていうか、ばあちゃんとやっとつながることができたっていうか……。それがよかったなあって思えたんです。

それで、この四十九日の法事までのあいだ、ぼくは、時間のあるときにCDを聴いて、正信偈の練習をしてきたんです。せめて今度の法事は、気持ちをこめて心からお経を声に出して読めればと思っていたんですよね。けれど、実際に来てみたら、なんだか残念というか、なんで今日は、日本語の文章を朗読するやり方だったのかなあって……」

お斎の席が、しんみりとしたように感じられた。

住職は、目をつむり、うなずきながら、彼の話を聞いていた。そして、聞き終えると、すぐに言葉を発した。

「いや、まあ、いろんな意見があっていいんですよ。今回は、あなたのお気持ちには応えられなかった。それは申しわけなかったと思います。でも、そういう思いが大事なんで、いや、そういう思いを大切にしてください」

それだけ言うと、次の方に、自己紹介をどうぞ、とうながした。

それにしても、どうしてその若い男性は、声明の調べにのせたお経を、気持ちをこめ、声に出して読みたいと思ったのだろうか。

別にお坊さんのまねごとをしたかったわけでもなかろう。亡くなられた方は、その彼にとっては祖母にあたり、小さい頃からのさまざまな思い出が呼び起こされる人であった。「正信偈」の声明を読誦《どくじゅ》することで、自分もまた亡き祖母を供養する場に参加できる。そのことに、彼は深い意義を感じたのである。

感謝や悲哀の念を死者に向けることこそ、死者の供養である。読経の音律は、そのための象徴的な表現なのだ。死者を供養する場面では、読経する経文の意味内容を理解することよりも、むしろ読経の音律の調べのほうが、心をゆるがすものがある。このことをどう考えたらよいのだろうか。

葬式や法要において、お経に書かれた言葉の意味内容に触れ、仏の教えの意義を学び深めるというのは、生者のために用意された名目である。葬式や法要が生きている者だけで構成されているのであれば、それでもよいのかもしれない。しかし、実際のところ、葬式や法要というのは、死者と生者とが交流する場にほかならない。

死者の世界、死の向こう側の世界は、人間の思考ではかることができない。そのことを、私たちは霊的な感性で感じ取っている。だからこそ、私たちは、死者との交流を、知性ではなく、霊的な営みとして求めるのではなかろうか。

この若い男性が、葬式の場でみずから読経の声をあげたことで、死者とつながった思いに満たされたこと、そして、ふたたび死者に向けて読経したいという思いにつき動かされたこと。これこそが、霊的な営みであり、死者との交流である。もっと言えば、死者からの呼び声なのである。もちろん、日本語に訳されたお経の言葉であっても、霊的な示言《じげん》として私たちの魂に訴えかけるときはあるだろう。お経もまた死者の言葉である。

私たちは、本質的に、言葉によって生き、言葉によって救われる存在である。ただし、その言葉とは、生者が用いる日常語ではなく、死の向こう側の世界から立ち現れる死者の言葉にほかならない。日本語でお経を読む試みが、知的な了解に止まっているかぎりは、けっして死者の言葉にはなりえないのである。

声明音楽の荘厳な重低音とともに発せられる経文の響き。その声には、魂の深部に行きわたる響きが伴っている。だからこそ、死者との交流の場面では、欠かせないものなのだ。日本語で読むお経であっても、そのような霊的な共鳴を、死者からの呼び声を、響きわたらせることができるはず。そのためには、意味がわかるとかわからないといった知的な了解を突破して、霊的な次元に立ちかえることが大事なのだ。

そこに立ちかえるとき、この試みは、おのずと日本仏教のあり方を変革する力になるのではなかろうか。

もう一つ、読経の話にからめて、今度は学校での話をしよう。

相談室に、ある男性の教員がやってきたことがある。

生徒のことで相談がある。気弱そうに、そう彼は切り出した。どうも元気がない様子だ。困り顔が、なんとも老けてみえる。

自分のクラスに、厄介な生徒がいる。ムードメーカーになることも多いが、その生徒がふざけて羽目をはずしだすと、他の生徒にも飛び火し、クラス全体がさわがしくなる。そうなるともう、指導が入らない。授業中に、教室の後ろで、勝手に遊びだしたりする。

クラスの運営がうまくいかない。最近は、おとなしい子が、学校に行き渋りだした。これをきっかけに次々と問題が起こってくるような気がして、これからどうしてよいかわからなくなる。

話す声の力も、なんだか弱々しい。そのうち彼は、こんなことを言いだした。

「ずっと、教師に向いてないなと思いながら、この仕事をしてきたんです。もともと子どもは好きではないし、それでも、家族がいるので、今更やめるわけにもいかないし。担任はもちたくなかったんだけど、私ももう中堅のほうだから。前の学校で担任をもったときも、似たようなことがありました。といっても、今回ほどじゃないですがね」

だいぶ心が疲れているな、と私は思った。

「一人で背負い込まないほうがいいですよ。これまでだって、しっかりやってこられたんですから。どうやって対応していけばいいのか、一つずつ整理しながら、一緒に考えていきましょう」

それだけ伝えるのが、精一杯だった。彼の気持ちが晴れるとも思えなかったが、まずはエンパワーメントだ、と心がけた。

彼は、ときどき相談室を訪れるようになった。

ある日のこと。どこかで私がお坊さんでもあることを聞きつけたのか、家の仏壇の前で、お経を唱えることもある、と語った。

「おふくろが亡くなったとき、なんだかもう目の前が真っ暗になってしまって……。妻と一緒に自宅で介護していたんですけど。自分の親が亡くなるってのは、やっぱりきついもんですね。でも、ご住職さんから、お経を唱えてみるといいよって勧められたんです」

「そう、ですか……。あの、宗派はなんですか？」

「浄土真宗です。先生と一緒ですよ」

「じゃあ、正信偈を読んでいるんですね？」

「そう、そんな名前だったかな。意味なんてさっぱりわからないんですけどね。それでも時間のあるときは、ＣＤを流しながら唱えています。お経って、わりと心が洗われるというか、気持ちが落ち着きますよね」

「仕事での嫌なことも忘れますか？」

「うーん、それはないかな。元気がないときは、お経も唱えられない。ぐるぐると生徒のこととか、いろいろ思い出しますよ。酒を飲んだほうが、まだましかな」

それでもこの話を聞いて、なんだか彼に親近感が湧いてきた。


彼のクラスは、あいかわらず変化がなかった。というより、かえって悪くなっているようにも感じられた。そのクラスで、不登校になった生徒の親も面談にやってきた。

「もう、担任を変えてほしいですよ、ほんとに。うちの子が休みだしても、何にもしてくれないんですから」

終始、生徒の母親は、担任への批判を口走っていた。私としては、その担任の話も聞いているだけに、なんとも複雑な気持ちのまま、聞くほかなかった。

当の担任のほうは、クラスで騒ぐ、指導の通らない生徒たちのことで悩まされ、学校に来ることのできない生徒のことまでは頭が回らない、余裕がない、という状態だった。

それでも時だけは、流れていく。

いつのまにか、季節は冬になっていた。

毎年恒例のスキー授業。一泊二日で、スキー場で行われる。生徒たちにとっては、修学旅行の次に楽しみな行事である。

このとき、事件があった。彼のクラスのいつものやんちゃな生徒たちが、滑っている最中に、グループから外れて、勝手にどこかへ行ってしまったのだ。

担任は、生徒たちを探しに行き、ようやく別のゲレンデで滑っているのを発見した。スキーで滑って、生徒たちを追いかけて、近づいたときだった。上のほうからスノーボードで滑ってくる他の客がいた。曲がり切れずに、彼らのほうに向かってきた。

あぶないと思って、担任は、とっさに彼らの盾になるように滑り込み、そのままズドーンと大きな音を立てて、衝突してしまった。腰のあたりが、スノーボードの先端にぶつかり、その客と一緒に、横のほうにふっとんだ。

生徒たちは、無事だった。その客も、大したケガはなかった。

だが、生徒たちの身代わりになった教員だけは、腰から右足のつけ根にかけて複雑骨折した。そのまま救急車で運ばれ、入院することになった。

事の顚末《てんまつ》を、彼から直接に聞いたのは、年度が替わってからだった。

「もう、いいかな、と思いました。入院しているときに、ずっとね、もうこのまま死んだほうが楽になるかなあって思っていたんです。ケガなんだけど、お医者さんに、殺してくださいって、本気で頼もうかなって」

ところが彼は、病院のベッドで横になり、痛みに耐えながらも、気がつくと、胸のあたりで手を合わせていた。そして、ふと口をついて唱えていたのが、「正信偈」の経文だったというのである。

「何かにすがりたい気持ちだったんだと思いますが、しきりにおふくろのことを思い出してしまって。そしたら、いつも仏壇で唱えていたお経が勝手に出てきたんですよ。面白いもんですね。唱えていると、だんだんと気持ちが落ち着いてくるのがわかりました。

そのあと、妻に、正信偈の本を病院までもってきてもらって、ベッドの上で、一生懸命にひたすら読みましたよ。その効果なのかはわからないけど、不思議と「ああ、死ななくてよかった！」って思えてきましてね。なんていうか、今、生きていることに感謝したっていうか……」

彼はしみじみと、穏やかな表情で話していた。聞いている私のほうも、気持ちが和らいでいく感覚だった。

それから、そのあとのエピソードも話してくれた。

数日がすぎ、ゲレンデで別行動をしてあやうくケガをしかけた生徒たちが、保護者に付き添われて、病室まで見舞いにやってきた。

彼らは、涙目になりながら、「先生、俺たちのことを守ってくれて、本当にありがとうございました。深く反省しています」と、深々と頭を下げたという。

その言葉に偽りはなかったようだ。新年度になりクラスに戻ると、その生徒たちは、授業中にふざけることが少なくなっていた。彼が叱れば、神妙な顔をして、謝ったりもした。

「ケガの功名」とはよく言ったものである。

その教員は、ケガから回復することで、教師としての自信を少しずつ取り戻したのかもしれない。新年度になってからは、不登校の生徒の家にも、ときどき訪問するようになり、不器用ながらもその生徒に話しかけることを心がけているようである。

彼の話を思い起こしながら、私の中に「正信偈」のある一節がこみ上げてきた。

譬如日光覆雲霧　雲霧之下明無闇
（譬《たと》えば、日光の、雲霧《うんむ》に覆わるれども、
雲霧の下、明らかにして闇《くら》きことなきがごとし）

太陽が雲や霧におおわれてしまっているような天気であっても、太陽の光は、その上で間違いなく輝き続けている。だから、その雲や霧の下は、けっして暗闇にはならず、私たちのところまでちゃんと明るさを届けてくれている。

読経の声は、そんなゆるやかな光に似ている。そう、私には感じられたのである。

エピローグ

今はもう遠い記憶となってしまったが、私にも死の原風景というのがある。

それはちょうど三歳の頃。師走のことだった。

その日は、お客さんが何人か来ていて、座敷のほうはなんだかにぎやかだった。

玄関から廊下を通ってすぐの、台所での光景が浮かんでくる。

祖母が卓袱台《ちゃぶだい》を前に敷物の上に座っていて、おにぎりか何かをにぎっているようだった。

母は奥の流しのほうで食事を作っていた。

私は保育園から帰ってきた直後だった。「手を洗ってきなさい」と母に言われ、バタバタと洗面所に向かう途中で、祖母に声をかけた。

「おにぎり、ぼくのぶんも、お願いね！」

祖母は、こくり、こくりと頭をふって、頷《うなず》いているように見えた。

それから……

手を洗ってきて、台所に戻ってきたときのことである。

まるで映画のワンシーンを切り取ったように、そのシーンだけは、回想する脳裏に鮮明に現れてくる。

目の前で、祖母が、ゆっくりと、静かに、横に倒れていった。

本当にそのシーンだけは、はっきりと覚えている。そして、私の記憶は、そこでひとまず途切れている。それからあとは、大きくなってから母に聞いた話。

すぐに救急車を呼んだらしいが、電話を入れたときには、すでに亡くなっていたようだ。死因がなんだったのかはよくわからない。「前触れもなく、静かに息を引き取ったものだから、何が起きたのかわからなかった」と母も語っていた。

私の記憶は、もう少し続く。

おそらく葬式の日だったのだろう。これもやはり台所のシーンだ。

大勢の人があわただしく動いている。きっと、その中の誰かに、「おばあちゃん、どこにいるの？」とでも聞いたのだろう。

かすかに耳に残っている言葉。

「わかるかねえ。もういないの。帰ってこんの。遠くにいっちゃったんだがね」

この言葉をきっかけに、私は言い知れぬ恐怖に包まれた。死ぬとはどういうことか。そんなことはまるでわかっていなかったにちがいない。でも、何かとてつもなく恐ろしいことが起こった。そのことだけは全身で感じとれたのである。

私は、その恐怖を打ち消そうと、バタバタと走り回ったようだった。誰かとぶつかり、お盆をひっくり返して、叱られた記憶がある。「ふざけてないで、向こうにいってなさい」。そう言われたが、ふざけていたんじゃなく、怖かったのだ。

たぶん、そのとき私の心臓はバクバクしていたのではないかと思う。

その後、私が思春期になって、死について考えるようになったとき、恐怖心とともに思い出したのは、祖母の死のシーンだった。そして、思い出すたびに、決まって私の心臓はバクバクしてきて、なんとも居たたまれない感覚になったものだ。

私の経験は、トラウマと呼ぶべきものなのかもしれない。

心的外傷と訳されるこの言葉は、外から襲ってくる精神的な強いショックを受けたときに、長い間その衝撃にとらわれてしまう状態を指す。トラウマは、突如として記憶がよみがえるフラッシュバックという現象を引き起こす。ショックを受けたときの映像や感覚などが再現されて、身体的もしくは精神的な苦痛に苛まれるのである。

祖母は自然死だった。だから、別にトラウマになるほどのことでもなかろう、と思われるかもしれない。けれども、幼い子どもの感性というのは、大人の想像をはるかに超えているものである。何か尋常ならざることが起きたという不穏な空気が、ガラスにヒビが入るように、幼な心に傷つきとして刻印されてしまったのだろうと思う。

祖母が生きていたときのことは、まったく思い出せない。私の記憶は、ただ死の間際の出来事のみである。しかし、それは、「今まで生きていたのに、死んでしまった」という、当たり前のはずなのに、受け入れがたい出来事だった。

言葉にはならなかったが、私の全身は、「なぜ?」という大きな疑問符の渦の中に巻き込まれていた。

なぜ、生きているものは、死ぬのだろうか?

いつしか私は、この問いに押し流されるように、死について考え、生きる意味について悩み、沈みこみ、不安に怯えるなかで、自分の足元を見つめるようになった。

私の家はお寺である。しかし、自分がお寺に生まれたことには、ずっと納得がいかなかった。古い因習にまみれたお寺に何の魅力も感じられない。いずれはお寺を継いでお坊さんにならないといけないのかと考えると、なんとも憂鬱であった。

ところが、いつのまにか私は、自分の悩みの解決を、お寺の背後にあった仏教に求めるようになっていたのだ。今考えると、それはまことに面白い因縁であったと思う。

郷土の偉人に、お酒の研究で有名な坂口謹一郎という先生がいる。生前、私の祖父や父が懇意にしていたこともあって、坂口先生が亡くなられたときには、うちのお寺で葬儀を引き受けた。

その坂口先生が、こんなことを父に話していたことを、最近知った。

「お寺に生まれるっていうのは、それだけで得じゃないですか。うらやましいものです。人生は迷ったり悩んだりの連続です。けれども、お寺に生まれたってことは、すでに生まれたときに、そうした苦悩を解決する道しるべを示してもらっているんですからね」

確認したわけではないが、私の父も、おそらくお寺に生まれたことに悩んだ時期があったのであろう。だから、父にもこの言葉が響いたのだろうと思う。

死の原風景の話に戻ろう。では、私の生まれ育ったお寺、その奥で支えていた仏教は、私の「なぜ?」に、一体どんな道しるべを示したというのだろうか。

少し期待はずれな言い方かもしれないが、仏教は素晴らしい模範解答を与えてくれたわけではなかった。むしろ、問いを問いとして引き受けることを教えてくれたのが、仏教という道しるべだったように思う。

祖母の死という衝撃、トラウマは、そのまま大切に、心に溶かし込んでいくように、問い続けていけばいい。仏教は、いつのまにか、やわらかくゆっくりと、私の心を解きほぐしていったのである。


それはカウンセリングにとてもよく似ている作業だった。

ふり返ってみれば、私は、仏教というカウンセラーとずっと対話を続けていたのかもしれない。

始まりは、興味の赴くままに、仏教に関連する本を読んだり、話を見聞きしたりすることだった。だんだんと、その興味は、もっと本格的に仏教を学びたいという思いになり、大学院に進学して、仏教学を専攻することになった。これは別に、お坊さんになるためではなく、自分の悩みや苦しみを解決したいという欲求から選んだのである。

そこでは紆余曲折しながらも、恩師や学友にもめぐり会い、充実した日々であった。私の師事した仏教学の先生は、その佇《たたず》まいが、なんとなくカウンセラーに近かったようにも感じる。その後、私は仏教学からは離れていったが、やがてカウンセリングを学び始める頃には、自分の心の中に、問いを引き受ける覚悟が芽生えるようになっていた。

ところで、こんな風に仏教とカウンセリングとのつながりについて思いめぐらしていたら、仏典にある「毒矢のたとえ」という話を、ふと思い出した。

ある人が毒矢に射抜かれた。友人や家族は、すぐさま矢を抜き取ろうとした。ところが、その人は、「矢を射た人は、どんな身分か、何という名前か、どういう名字か、背は高いのか低いのか、肌は何色か、どこに住んでいるのか。それから、矢は、どんな弓を使って射抜いたのか、その弦は何でできているのか、矢についている羽はどの鳥の羽か。それがわからないうちは、矢を抜かないでくれ」と言った。

結局、そんなことはわからずじまい。
そうこうしているうちに、その人は、毒矢の毒によって、死んでしまったとさ。

この寓話は、自己とか世界とかについて、哲学的に満足のいく答えを聞かないうちは修行に励む気になれない、と語る哲学青年マールンクヤプッタに向かって、お釈迦さまが説かれたものだと伝わっている。

なんだかんだと哲学的に難しいことを考えても、この世で生きるさまざまな苦しみが消えてなくなるわけではない。大事なことは、その苦しみをどうやったら無くすことができるのかをしっかり見極めること。

つまり、やるべきことは、毒矢を抜くことだ、という教訓である。

これは、仏教のたとえ話ではあるけれども、カウンセリングの方法論という観点からも考えていくことができそうである。カウンセリングからすれば、毒矢を抜くっていうのは、さしずめ問題を解決することに当たるように思う。

そもそもカウンセリングというのは、悩みや困りごとを抱えているクライエントがカウンセラーのところに相談に来ることによって、成り立っている。なので、カウンセリングの目的というのは、クライエントの抱える問題を解決することにある、とひとまず言うことができる。よって、カウンセリングの方法論は、基本的には、毒矢を抜くこと、問題を解決することをめぐって展開している。そして、それはいくつかに分かれている。

代表的なものに、「治療モデル」と「行動モデル」がある。

「治療モデル」というのは、症状の原因を探り、その原因を除去することで、治療へと導くというやり方である。

たとえば、この本の中でも一度出てきた、チック。

これは子どもにわりと多い症状である。まぶたがピクピクと動く。パチパチと何度もまばたきをする。肩を何度も上げ下げする。話している最中に「あー」とか「うん」とか、短い言葉を何度も繰り返す。などといったように、いろいろな形で表れる。

こういう症状を診たときには、そういう体の動きを起こさせるような心理的な何らかの原因があるにちがいない、と考えるわけである。そこで、その子の話をよく聞いていき、何かストレスや不安になっているような事柄や人間関係の不都合などがないかどうか探っていく。そして、そうしたストレスや不安をできるかぎり軽減していくと、症状は消えていくことになる。

この場合、毒矢を抜くっていうのは、要するにストレスや不安といった心理的な原因を取り除いていく作業を指している。そのためには、その原因を見極めていかないといけない。こういう発想が、「治療モデル」に即した考え方ということになる。

ところが、カウンセリングの発想には、もう一方で、「行動モデル」とでも呼べるような方法論もある。

たとえば、不登校の子どものケース。

その原因を、親も教師も本人だって探りたくなる。確かに、いろいろと探っていけば、クラスにいるやんちゃな生徒に会いたくないだとか、ある教科がどうしても苦手だからとか、それらしい原因が出てくるかもしれない。

しかし、だからといって、その原因を取り除くことができるのかと言えば、できる場合もあるけれど、けっこう難しいことだって多い。あるいは、原因だと思われるものを取り除いても、なおも不登校の状態が続くことだってある。

じゃあ、どうするか。とりあえず原因探しはヤメにしよう。それよりも、今、その子がどうしたいと思っているのか。今、その子を支えている親や教師にできることは何か。それを探っていこう。

今は、教室には入りたくない。でも、校内にある相談室だったら、週に二回くらい、午前中だけなら行けそうだ。それから、人との関わりだって大切だから、気の合う友だちから会ってみてはどうだろう。学習の遅れも少しずつできることから始めて、埋め合わせていってはどうか。よし、じゃあ、やってみよう。今日から実践だ。行動だ。

つまり、「行動モデル」というのは、あれこれと原因を考えても仕方ないから、まずは現状を打開するために思い切って行動を起こす。「考えるな、行動せよ！」。これが、毒矢を抜くことに当たる、というのである。

「治療モデル」と「行動モデル」。これらはどちらかが正しくて、どちらかが間違っているというわけでもないだろう。臨機応変。そのつど、相手の状態に合わせて、使い分けをしているのが、実際の現場である。

ただ、私としては、もう少し違った見方もできるんじゃないか、という気がしている。というのも、「治療モデル」も「行動モデル」も、どちらも毒矢を抜くことにばかり目を奪われすぎているのではないか、と感じるからである。

「毒矢のたとえ」は、よくできた話で、とってもわかりやすいし、説明なんていらないくらい、誰もが納得する話のように感じられる。

けれど、よくよく考えてみると、いろいろと疑問が湧いてくる話でもある。

だいたい、この毒矢に射抜かれた人は、自分が死ぬかもしれないのに、どうして矢を射た人の素姓やら、矢についた羽のことや、弓や弦が何でできているかなどが、そんなにも気になるのだろうか。

それに、皮肉を言うわけじゃないけれど、毒矢に射抜かれてしまったのならば、たとえ矢を引き抜いたとしても、毒はすでに身体に回っているんだから、結局、その人は死んでしまうんじゃないだろうか。

いやいや、死んでしまったらまずいでしょう、とは思うけれど、死ぬからこそ生まれてくる、なんてこともあるんじゃないだろうか。

なんだか屁理屈をこねているみたいで、何が言いたいのかよくわからないな、と思われるかもしれない。

でも、カウンセリングの実際に立つと、それこそ、毒矢を抜いても抜かなくても大して変わりないんじゃないか、と思ってしまうことがある。あるいは、無理やり抜いてしまわないほうが、かえっていいんじゃないかと思うことだってある。

さらに言うと、問題を解決するためにカウンセリングに来ているはずなのに、当のクライエントは全然関係のない話をあれこれと熱心にしているってことだって珍しくはない。チック症状をもつ女子生徒は、死んだらどうなるのかについて気になっているし、不登校の子どもをもつ母親は、幽霊にとり憑《つ》かれていることを恐れている。

目の前にある問題の解決とはすぐには結びつかないけれども、本人にとってはけっこう重要なことがいくらでもあるのだ。

そんな風に考えていくと、カウンセリングにせよ、仏教にせよ、実際のところ、悩みや苦しみを無くすことを本当に目指しているのか、疑いたくなる。

そこで扱われる悩みや苦しみは、そんなにすぐに解決できるようなものでもないし、それに、決まったやり方があって、その通りに実践していけば、必ず消し去ることができる、というものでもないように思う。

話は少し戻るが、青年修行者のマールンクヤプッタが、お釈迦さまにあれこれと投げかけた哲学的な質問は、のちに「無記《むき》」と呼ばれて、さとりとは関係がなく、答える必要のない問題として扱われている。

その中に、「さとりに至った者は、死後に存在するのか、しないのか」という問いがある。じつは、近代になって成立した学問としての仏教学では、この問いにお釈迦さまが答えなかったということから、鬼の首でも取ったように、仏教は死後の問題は扱わない、仏教とは関係ないんだ、という主張の根拠にしている。

言うなれば、「無記」という態度は、近代の合理主義にも通じるものの見方であり、お釈迦さまは二五〇〇年も前に生きていた人なのに、まるで近代人であるかのように見なされている。

だけど、マールンクヤプッタがどうしてこんな問いを抱いたのかを想像してみると、けっして取るに足らない質問でもないのではないかと思えてくるのだ。

当時のインドの人々はみな、輪廻の思想を信じていた。しかもこれは、生まれ変わりが続くかぎり苦しみも無くならないという、絶望的に救いようのない世界観である。ところが、修行してさとりを開いて解脱すると、この無限の苦しみループから抜け出ることができる、とお釈迦さまはおっしゃった。今は袋小路におちいっているけど、どうやら抜け道があるようなので、ひとまずは安心だな、といったところである。

でも、ちょっと待ってほしい。そうだとすると、もし輪廻から解脱できたとしたら、今度はどこに行くのだろう。輪廻の世界に戻ることがないとすれば、何もかもが無になってしまうのだろうか。

マールンクヤプッタが疑問に思ったのも無理はない。どこに連れて行かれるかわからないのに、ともかく修行に励みなさい、と言われても困るよ、という話だ。そこで、お釈迦さまに質問を投げかけた、というわけである。

こうやって想像していくと、お釈迦さまは、マールンクヤプッタの質問に、どうして「答えない」なんて態度をとったのだろうか、もう少し彼の質問の意図に耳を傾けることもできたんじゃないのかな、と僭越ながら思えてくる。

ただ、だからといって、このエピソードをもとに、近代の仏教学のように、お釈迦さまは冷徹な合理主義者だったから無意味な質問は切り捨てたんだとか、仏教はもともと合理主義的な教えだったんだと結論づけるのは、ちょっと違うのではないかと思う。

お釈迦さまの真意は、一体どこにあるのだろう。

それは、ひょっとすると、質問に対して否定も肯定もしないことによって、むしろ問いを自ら引き受けることの覚悟を私たちに促しているのかもしれない。

もっと言うと、「無記」という態度は、カウンセリングとはどういうことなのか、悩みや苦しみを引き受けるとはどういうことなのかを、カウンセラーとしての私に問いかけているようにも感じられる。

人間というのは、余計なことをあれこれと考えてしまう生き物である。だけど、それはそれで、それなりに理由があるから考えるのだ。にもかかわらず、「まずは苦しみの原因を取り除くことが大事！」とか、「考えるな、行動せよ！」などと言われても、そう簡単にできるわけでもないのだろうと思う。

とりわけ死後の問題なんて、あれこれ考えても仕方のないことのように見える。死んだらどうなるかを想像するよりも、今ある現実を見つめることのほうが、どことなく高尚のような気がする。

でも、考えても仕方のないことを考えてしまうのが、やっぱり人間なのだと思う。

経験できないこと、実証できないことは現実ではない、と切り捨ててきたのが、近代の合理主義である。経験でき実証できる事柄のみをストレートに追求するほうが、有益であるし、建設的にはちがいない。問題の解決という一点に向けて、もっともシンプルで合理的な方策を見つけたほうが、確かにいいだろう。

だけど、人間はそれほどスマートな生き物じゃない。

わかっちゃいるけど、やめられない。一見すると、ムダでありバカらしく思われるようなことだって、どうしてもこだわってしまう。

そんな回り道をしてしまうのは、まったく意味のないことなのだろうか。

時間は待ってくれない。道草を食ってばかりじゃ、そのうち死んでしまうよ。合理主義者は、そう答えるかもしれない。

でも本当にそうだろうか。

時はいつも、ゆっくりと待ってくれている。私たちが回り道をしながらも、落ち着くところにちゃんと落ち着くこと、ちゃんと気づいていくことを、よくわかっている。そして、かならず時が満ちることも。

だから……

カウンセリングでは、時が満ちるのを、ゆっくりと待つのである。

相手の考えや感じ方を受け入れ、寄り添うことに心がけながら、待つのである。

ときには、神秘的で、あやしげなことだって、相手は語り出す。この本でも書いてきたように、死んだらどうなるんだろうとか、幽霊に悩まされているだとか、不思議な夢を見ただとか、そういう話もたくさん出てくる。

それは、問題の解決とは関係のない余計なこと、ただの妄想なのかもしれない。でも、やはり理由があってのこと。心の現実には、それなりに深い意味があるのである。

そうした心の現実、そして、その奥に垣間見える苦しみや傷つきの痕跡こそが、本当に大事なことなのである。

カウンセラーは、ただ傍らにいるだけだ。だけど、相手の心の内奥からの叫びに、一生懸命に耳を傾けている。そういう叫び声をとてもとても大事にしながら、相手のうちに住み込むようにして、そうして、じっと待っている。

すると、不思議なことに、何かが動いてくる。何かがはたらいてくるのである。とくに保証もないけれど、実感としては、そんな感じなのだ。

何かがはたらいてきたからといって、万事うまくいくとか、問題が解決するというわけでもない。けれども、何かがはたらいたときには、すでにその人の心は解きほぐされている。そして、成長している。自身を引き受けているのである。

そのはたらきは、その時々で、いろんな顔を見せる。ときに死者となって、幽霊となって、夢という形をとって、読経《どきょう》の声という形をとって、現れてくる。はたらき自体は、何ともつかみどころがない。まるで風のようであり、流れのようである。

だが、はたらきが顔となって現れたときには、私たちもまた、そのはたらきにちゃんと呼応できるようになっている。

それは、カウンセラーが導いたわけでもなく、クライエントがそうしようと思ってそうなったわけでもない。何かがはたらいていることに気づいたときには、じつはもっと前から、いや、そもそもの初めから、そのはたらきに支えられて、その人との関わりがあったんだな、と気づくときでもあるのだ。

やわらかい、ゆるやかな関わりを続けていくと、まるで仏さまの御手《みて》の中に包まれるかのように、そういう感覚へと自然と導かれていくのである。

こういうカウンセリングの見方を、私に教えてくれたのは、やはり仏教であった。

仏教はカウンセリング理論ではない。仏教は仏教である。

けれども、私は、死の原風景を抱えつつ、仏教と出会い、仏教に問いを投げかけてきた。仏教というカウンセラーは、私をじっと待ち、ずっと対話し続けてくれた。そして、それによって、私は、カウンセリングの世界にも入ることができたのである。

大乗仏典には、よく知られた言葉として、次のようなものがある。

煩悩即菩提（煩悩があるからこそ、さとりを求める菩提心《ぼだいしん》が起こる）

生死即涅槃（さまよい苦しんでいる生死《しょうじ》の中にこそ、涅槃《ねはん》が実現する）

私を導いてくれていたのは、トラウマとなった原風景としての祖母の死であり、言うなれば、死者であった。

死者のはたらきに促されて、仏教と出会い、死者のはたらきを通して、心が解きほぐされていった。私にとって、仏教は死者のはたらきとともにあるのだ。

私はお坊さんであり、カウンセラーである。

カウンセラーは普通、心理学の理論をよりどころにしている。けれども、自分のよりどころは、心理学もあるけれど、やはり仏教なのかなと思う。

それは、死や死者のはたらきを念じつつ生きることであり、そのことをカウンセリングの基本に据えているのかなとも思うのである。

あとがき

この本は、『仏教からケアを考える』という本の続編に当たります。前に書いたものは、専門向きで理論編。今回は一般向きで実践編といったところでしょうか。

前の本を出版させていただいたときに、法藏館の編集長である戸城さんから、今度はケアの具体的な事例を中心にした一般向けの本を書いてみてはどうですか、と勧めていただきました。このありがたいご提案を受けて、日頃感じていたことが頭に浮かびました。

カウンセリングの中で、相手の話にじっと耳を傾けていると、これってドラマになるなとか、まるで小説を読んでいるみたいだな、などと妙な感覚にとらわれるのです。スペクタクル・ロマンとまではいかないまでも、一つ一つの話にはそれぞれに独特の世界が広がっています。

そうした世界を描くことはできないか。そんな思いからこの本を書くことにしました。

ところが、いざ書き始めると、心配なことが一つ出てきました。カウンセラーというのは、ご存知の通り、守秘義務というものがあるわけです。事例を公表するならば、ちゃんとクライエントの許可が必要になってきます。

結論から言うと、この本の内容はどこまでも物語であって、事例集ではないのです。物語というのは、すべてが虚構である、とも言えるし、すべてが本当である、とも言えるものです。煙に巻いたような言い回しですが、そうとしか言いようがないのです。

この本の中に登場する人物には、一応のモデルがいます。けれども、それはあくまでモデルであり、イメージにすぎません。私の感覚からすると、物語とは「心の現実」のことなのです。ここに描かれた世界は、すべて私の目から見た心の現実と言っていいかもしれません。そんな風に受け取っていただければ、ありがたいところです。

今回も、機会を与えていただいた法藏館の皆様には深く感謝するほかありません。また、関わっていただいたすべての方々に、それから家族にも、感謝です。

庫裡の改築のため本堂にて記す

坂井祐円

【引用・参照文献（掲載順）】

牧田諦亮『浄土仏教の思想（第五巻）善導』講談社、二〇〇〇年

星野富弘『鈴の鳴る道――花の詩画集』偕成社、一九八六年

池田晶子『あたりまえなことばかり』トランスビュー、二〇〇三年

若松英輔『魂にふれる――大震災と、生きている死者』トランスビュー、二〇一二年

夏目漱石『行人』ワイド版岩波文庫、二〇〇九年

荒井由実「やさしさに包まれたなら」東芝EMI、一九七四年／作品コード：088-2702-8　一般社団法人日本音楽著作権協会（JASRAC）

古東哲明『他界からのまなざし――臨生の思想』講談社選書メチエ、二〇〇五年

エリザベス・キューブラー＝ロス『人生は廻る輪のように』上野圭一訳、角川文庫、二〇〇三年

田口ランディ『パピヨン――死と看取りへの旅』角川文庫、二〇一二年

カール・ユング『ユング自伝――思い出・夢・思想　2』河合隼雄ほか訳、みすず書房、一九七三年

松尾剛次『葬式仏教の誕生――中世の仏教革命』平凡社新書、二〇一一年

戸次公正『意味不明でありがたいのか――お経は日本語で』祥伝社新書、二〇一〇年

坂井祐円（さかい ゆうえん）

1972年、新潟県生まれ。大谷大学大学院（仏教学）、愛知学院大学大学院（臨床心理学）を経て、京都大学大学院教育学研究科博士課程修了。博士（教育学）。臨床心理士。真宗大谷派僧侶。南山宗教文化研究所非常勤研究員、新潟県立看護大学非常勤講師、同朋大学大学院講師。普段は、自坊にて仏事を勤める傍ら、新潟県内および長野県内の小学校・中学校・高校で、スクールカウンセラーをしている。
著書に、『仏教からケアを考える』（法藏館、2015年）。共著に、西平直・中川吉晴編著『ケアの根源を求めて』（晃洋書房、2017年）、他。

JASRAC　出　180215005-01

お坊さんでスクールカウンセラー

二〇一八年四月二〇日　初版第一刷発行

著　者　坂井祐円
発行者　西村明高
発行所　株式会社　法藏館
京都市下京区正面通烏丸東入
郵便番号　六〇〇-八一五三
電話　〇七五-三四三-〇〇三〇（編集）
〇七五-三四三-五六五六（営業）

表紙挿画　石井聖岳
装幀　上野かおる
印刷　立生株式会社　製本　清水製本所

ISBN 978-4-8318-8767-2 C0015